El Iniciador de Ocultura

(Breviario del Meditabundo)

Arzobispo Roberto C. Toca

ISBN-13: 978-0-9779075-1-9

Library of Congress Control Number: 2016903240
El Iniciador de Ocultura (Breviario del Meditabundo), Odessa,
Florida, U.S.A.

DEDICATORIA

In Memoriam
Al Maestro Tau Tsushumbe Tombé,
hermigo (hermano y amigo)
cuyo recuerdo perdura entre todos
los que le conocimos y aprendimos a admirarlo.
Buen trabajo, Expositor de la Gnosis!

A Dinah Devah, diseñadora de la portada de este libro.
Mi amada discípula y compañera de muchos viajes por el
mundo, a la artista francesa, judía errante, cuya mejor pintura ha
sido su bella persona.

Amorosa gratitud a Sol Ígneo:
A mi Alma Gemela,
mujer única y genial
que por ser virtual
ha sabido manejar admirablemente
bien la "computer" de la Vida y la Gran Obra.
Al majísimo cielo de Madrid
y a ti, infinitas gracias.

INDICE

EDICION CONMEMORATIVA DEL 50 ANIVERSARIO
DE LA ORDENACION SACERDOTAL
DEL REVERENDO PADRE
ROBERTO DE LA CARIDAD TOCA MEDINA,
EL 13 DE JUNIO DEL AÑO DEL SEÑOR 1966 EN LA HABANA,
CUBA.

Con el testimonio de agradecimiento a mis obispos y superiores
eclesiásticos, bajo cuyas órdenes servir fue un extraordinario
privilegio.

A mis hermanos en el ministerio y a los feligreses de las
congregaciones en las que ejercí mi labor pastoral.

Además, a la maravillosa experiencia que he tenido con mis
Maestros porque sobre sus hombros de gigantes pude llegar tan
alto.

Y a la devoción y generosidad del Clero y la Congregación
de la Catedral de la Santísima Trinidad,
Abadía Ortodoxa Gnóstica
de la Iglesia Católica del Rito Antioqueno
en Odessa, Florida, Estados Unidos de América.

Gracias a todos los Hermigos (Hermanos y Amigos) que han
sido lo mejor de mis peregrinaciones por el mundo.

En el Nombre de mi Salvador y Redentor Jesucristo,
Amén.

El Autor en el Templo de Karnak durante una visita a Egipto

En el Nombre de la Tri-Santa Sophia, del Cristo Gnóstico y del Paráclito. Por Abraxas. Amén.

A un Querube que se posara en la cúpula del templo y que me inspiró, como una musa, siendo también mecenas en la realización del viaje a Shamballah para mi encuentro personal con el "Enviado del Cielo a la Tierra".

A mi hermigo (hermano y amigo) Tau Tsushumbe Tombé y su abnegado e impersonal aporte en la obtención de lo que él en su generosidad prefirió que yo alcanzara.

A los Cuatro Hermanos Invisibles, al Sanat Kumara, al Vigilante Silencioso, al Ashieta Shiemash y al Sumo Sacerdote Melquisedeq, los que en el camino de mi vida ofrecieron sus hombros de gigantes para que yo llegara tan alto delante del Más Absoluto Sagrado Ser.

Al Conclave Iniciático Universal y su Logia de Maestros. Al Congreso Mundial de Ocultura (Doctología) y su Pentarquía, al Liderazgo, colegas y discípulos de la Arcana Enseñanza Iniciática de Ocultura Universalis.

Al Reverendo Sung Yung Moon, fundador de las Asambleas Internacionales y los Congresos Mundiales de Religión celebrados en múltiples países en cuyos foros tuve la satisfacción de participar y exponer.

Al Profesor Conde Lelio Galateri di Genola, presidente del Instituto Italiano para el Estudio de los Fenómenos Paranormales y de los Congresos Mundiales de Ciencia y Religión en los que tomé parte como conferenciante y Vicepresidente.

A Su Santidad el Dalai Lama Tenzin Gyatso por sus invitaciones a Congresos sobre Budismo y Foros Ecológicos, ambos celebrados en la India.

1

A los dirigentes de las instituciones internacionales que han producido durante décadas los Encuentros, los Congresos, los Foros y el Parlamento de la Religiones en su Congreso del Centenario, celebrados en distintos lugares de Estados Unidos de América, Europa, Asia, Africa, Latino América y el Caribe.

En Su Nombre,

"Que florezcan rosas sobre vuestra cruz".

Con Dios Todo, sin Dios nada

El Autor junto al Cetro más grande del mundo durante su estancia en el pequeño Tíbet

ARCANA · ENSEÑANZA · INICIATICA · OCULTURA · UNIVERSALIS

INITIATOR
BABA SAR MAR PROFETA
FOUNDER

"La verdadera felicidad está reservada por la vida para aquellos que son inteligentes y buenos"

CAPÍTULO 1. BREVIARIO DEL MEDITABUNDO

DESDE EL PUNTO DE LUZ AL BORDE EXTERIOR EN EL ESPACIO PARALELO

"SHAMBALLAH"

(La "nave" que recorre el sistema solar y el cosmos)

Una "Ocasión" que viaja con el evento de la Súper-Entidad que la maneja como piloto navegante y de los auspiciadores universales que la tripulan.

(Antepenúltimo Tratado de la Doctología)

AL LECTOR:

Este libro está destinado a los buscadores de Ocultura, o sea la "Cultura de lo Oculto", que tienen un nivel de información o conocimiento de los temas profundos del esoterismo. Sería poco factible esperar entender el significado de la exposición que aquí se hace si no se posee la capacidad objetiva, desde nuestro punto de percepción, (y el discernimiento entre lo onírico y lo ontológico). Por lo que, siguiendo el antiguo adagio ¡fuera los profanos!, no debería intentar siquiera hojear estas páginas ningún individuo que se encuentre dentro de la clasificación antropológica y psicológica de los mancos mentales, los coprófagos, los sepulcros blanqueados, los fundamentalistas de todas las vertientes y los prejuiciosos literalistas de la falsa intelectualidad contemporánea.

En la producción de este libro me he inspirado en la escritura automática de James Joyce en su "Ulises" y he tomado la licencia literaria del brasileño Anibal Vaz de Melo en su "Era de Acuario". Quiero además expresar mi valoración de la obra de Rabelais en su "Gargantúa y Pantagruel" y mi profunda admiración por George Ivanovich Gurdjieff en su obra cumbre "Relatos de Belzebuth a su nieto". Con estos testimonios resalto el axioma que afirma que desde "Vidas Paralelas" de Plutarco, los escritores imitamos el estilo de otros escritores que admiramos. Todos, de sutil manera, seguimos el hilo de Ariadna en las cavernas donde se oculta el Minotauro del inconsciente colectivo.

A vosotros, a los sabios y conocedores, a los serios investigadores en la ciencia secreta, les saludo con mi genuina garantía de que lo que van a conocer es la resultante "de primera mano" de una realización espiritual, de un encuentro real y trascendental y de la divina comisión que me fue concedida y encomendada hace siglos.

Para mis discípulos, estudiantes y feligreses, mi agradecimiento por el apoyo moral y material en esta obra que les entrego con fidelidad de corazón.

EL AUTOR

CATEQUESIS DEL BREVIARIO DEL MEDITABUNDO

(Manual práctico para los Buscadores de la Verdad)

Desde que comencé a intuir un nivel de existencia que trascendía los sentidos del mundo físico, he intentado explorar los estados psíquicos que cohabitan en mí haciendo énfasis en el plano del sueño y del ensueño, o sea, el mundo invisible y las formas de relación con las entidades y experiencia que se obtienen en ese plano.

Para quien busca, esté o no familiarizado con los métodos del pensamiento sistemático ya sean dialécticos, filosóficos, ideológicos u ontológicos, primeramente habría que establecer desde mi percepción, los planteamientos fundamentales de la instancia a determinar en donde nos encontramos o a dónde queremos llegar.

Ante todo el planteamiento de este método de conocimiento es la existencia de la Suprema Omnisciencia, o sea en términos sencillos, no obstante su profundidad, la Divinidad. Concebimos esta divina expresión de la realidad como individualizada, aunque no personalizada; esto significa que no sería un "Dios antropomórfico". Dios Autoconsciente de Sí mismo y de su cosmos o caos organizado de universos, multiversos y espacios ilimitados en un tiempo ilimitado dentro de las causas de la actual posible captación de su auténtica multidimensionalidad.

Las Cualidades de esa Supra Consciencia-Existencia y sus objetivos en lo que a falta de una definición mejor, sin evolucionismos, retro-alimentados y polarizados en una Armónica-Desintegración que produciría mundos y experiencias y la relación entre ambos, o sea la Vida más allá de la forma y el noumen o causa generatriz de los componentes originales de la Creación, Emanación, Plasmación y Evolución Teo-tele-matica.

No siempre supra consciencia conlleva supra-existencia y viceversa. Las barreras biológicas y mitológicas del inconsciente colectivo y del atavismo genético se llegan a disolver por los ejercicios y prácticas que llevan gradualmente al estudiante a una formulación escolástica y disciplinaria que lo convertirá en alguien superior y poderoso, lo cual no siempre significaría ser mejor o peor. El dilema se encuentra en saber discernir qué o a quién. El más alto alcance humano, o sea el conocimiento oculto, esclarece la actuación de los humanos que se han liberado del Karma personal (Karmarless) y, por iniciación para pocos o evolución humana para otros, han llegado a una supra conciencia. Los llamados seres invisibles de diferente gradación constituyen un núcleo existencial pero no un estadío definitivo.

Seres dentro de seres y mundos dentro de mundos plantea el axioma de los entes visibles e invisibles, de origen humano o no. Debo resaltar que en su comienzo, el buscador deberá aprender a conocerse tal y como es, antes de que pueda iniciarse en el camino hacia un cambio cuantitativo en su evolución interna. Obviamente no sabe cuál es y adonde le pudiera llevar. Esto requiere ante todo encontrar al Maestro y por añadidura, la Escuela de Desarrollo. El proceso es arduo, lento y difícil. Su consecución será para los menos y los pocos.

Como resumen será imprescindible obtener una experimentación con un Maestro, con algún Ser Trascendido, ángeles y espíritus elevados y fundamentalmente "una experiencia mística con Dios". Eso puede llegar al principio del proceso, más adelante o al final. No habrá ascensión a un nivel elevado de conciencia y de ser si antes no hay un concepto evidencial de la Deidad.

La Escuela Esotérica de la Internacional de la Iniciación es el arma intelectual del Cónclave Iniciático Universal, o sea la Fraternidad de Maestros y Seres Superiores. El Congreso Mundial de Ocultura es pues el puente de información y comunicación entre los planos visibles e invisibles.

LÓGICA DE LA ARCANA ENSEÑANZA INICIÁTICA DE OCULTURA UNIVERSALIS

Antes de la Ley de la Caída los sujetos multicerebrales se debatían entre el cielo y el infierno, entre el ser y la nada.

El eslabón existencial que provoca la evolución es la construcción de la línea primigenia de interconexión entre el ente y el espacio. Ser en el tiempo es la integración de la vida a la cadena de actuaciones y efectos desplazada en un espacio infinito.

Entre los factores que determinan una proyección espacio temporal los únicos que resultan infinitos son: el espíritu despierto, la memoria trascendente, el propósito determinado del sujeto ánimo-pensante y su comunicación con las almas gemelas o frágiles que se convierte en el Amor.

La Doctología hace devenir al pensador motivado por el auto determinismo en un ente inmortal y trasciende más allá de las esferas concéntricas del tiempo y del espacio.

Para el proceso de ritmo del despertar del fuego interior del Induva, el Arcano y el Mitrión deberás observar atentamente estos postulados diseñados para entes grandiosos.

No permitas que te dañen por dentro o por fuera. Abre tus portales a la Luz Interior.

No cedas al chantaje moral o el sabotaje emocional de los inframentales.

No ames lo que no vale ni a quien no vale y no te reconoce como su amor.

La felicidad es la unicidad de los opuestos armónicamente.

No alimentes el egoísmo y la maldad ni en ti y en los demás.

Apártate de los ignorantes y superfluos.

No huyas de tu destino; enfréntalo y supéralo, así crearás tu ente cognitivo inmortal.

No emprendas un camino que no puedes recorrer hasta el final.

No pierdas el tiempo en lo que no vale.

Lo único que vale es el valor real.

No impidas que el poder germine en ti.

No vuelvas la mirada al pasado. No lo olvides pero no lo recuerdes continuamente nunca.

No te amedrantes ni sientas miedo cuando sabes que cuentas con la ayuda, el apoyo y la protección para vencer.

No infrinjas el código ético de recompensar a los sabios.

La Creación-Emanación es un proceso auto-consciente del Demiurgo.

La primera existencia es el Ser.

El ente subsiguiente es el Espacio.

La intercomunicación entre el Ser y el Espacio produce el Tiempo.

En el Tiempo el Movimiento se expande en la evolución de la Vida en el Caos que deviene en Cosmos.

La forma condicionante planea en los universos.

Una extensión de las interrelaciones es la Inteligencia.

Todos estos factores crean la Historia del Universo, la naturaleza y las entidades pensantes visibles e invisibles.

La Trilogía que presenta al Mundo el ideario de la Doctología, la Arcana Enseñanza Iniciática de Ocultura Universalis, con el Primer Tratado de Doctología "Cultos Ocultos" y posteriormente "La Clavícula de Ocultura / El Teorema del Sistema de la

Doctología" y ahora este texto "El Iniciador de Ocultura" que incluye el Breviario del Meditabundo o sea, una breve exposición mística de la experiencia de universalidad del autor en un resumen pragmático que sirva de esclarecimiento sobre los temas y asuntos que se trataron en el Congreso Mundial de Ocultura y que, con la anuencia de la Pentarquía y el aval del órgano secreto de la Doctología, entrego humilde pero solemnemente a la posteridad.

LOS PLANTEAMIENTOS CATEQUETICOS AXIOMATICOS

El Breviario del Meditabundo tiene como objetivo crear un órganum-noumen que sistematice los pensamientos llevándolos desde la evocación hasta los ulteriores fenómenos de la interconexión con las inteligencias de los Seres del Archi Absurdo que pululan en el umbral del pórtico de la Arcana Enseñanza Iniciática de Ocultura Universal.

La supralógica y la emocionología se conjugan en el devenir de la Doctología para que por el entrenamiento y la capacitación del iniciado, éste pueda alcanzar la certidumbre de los postulados que se expresan y sintetizan en esta obra.

Por fe cognoscitiva observamos intuitivamente la Panspermia del Universo y del Yo armonizados. La acción efectiva y refinada del Yo real se verifica por el encumbramiento del pensamiento.

Los movimientos involuntarios y los órganos de resistencia se articulan para que la sustancia involutiva emerja y de esa forma integrar carácter-temperamento-personalidad en un solo haz que sobreviva y obtenga permanencia y voluntad creadora individuada.

El desapego neuronal y la superación de los embates del desasosiego mundano propician que se diluya la ilusión del falso Yo para acelerar la primigenia fluctuación de lo verosímil, por el existencialismo esotérico como instrumento emergente de la Auto-realización física y psíquica para sostenimiento de los procesos gnoseológicos liberadores. Para la emancipación de las cadenas de los seres-leyes o sea, los canalizadores del Destino y que se pueda establecer la auténtica libertad de acción creativa y localizadora del ser real.

Procesamiento de la absorción del conocimiento y la experiencia en la interrelación recíproca con las entidades existenciales de los mundos inferiores.

Desarrollo de las impresiones fecundas que se consolida para propiciar la dirección de la transparencia de las auras de las personas, animales y objetos.

Para la Panspermia, en la consecuente percepción de los focos de proyección de los "entes del más allá", el iniciado aprende a reconocer la calidad de la expresión en los mundos inmateriales y la línea de integración de entidades paralelas.

Observar las paradojas que producen desatinos y confusiones a la vez que recuperan e inhiben la reacción astral inferior y la educción de los sentidos intra sectores.

La fe cognoscitiva coadyuva a la esencia de las condiciones de la Existencia Inmaterial que aproxima la preeminencia del Maestro el cual en su carácter de Iniciador abrió el camino de la Verdad, la Libertad, el Amor y la Seidad.

Los márgenes universales de la catequesis de Ocultura.

Universo como caos organizado en Vida, Consciencia y Existencia en el Verso, el Universo y los Multiversos.

La Divinidad es la culminación de los estados conscientes de todas las Entidades y energías. Dios es por lo tanto la infinitud Autocreada, Autoconsciente y Autoexistente de los Creadores de lo que podemos concebir y no entender, no concebir pero intuir, inteligir y elucidar, pero nunca interpretar.

Seidad, la operacional involución en la forma para la evolución del ser hasta su culminación, emancipación e incorporación con la Vida Divina. La disposición de los cursos y desplazamientos de los seres llamados vivos en almas grupales y de los humanoides, humanos y superhumanos en almas, consecuentemente serán parte del Espíritu. En los seres servo-cervicales que forman el entorno humano, el proceso de las vidas pasadas y el destino manifiesto influye pero no determina el decursar evolucionante de la reencarnación.

Para lograr la liberación de aquellos que pueden reencarnar es siempre imprescindible estatuir el mundo de sensibilidad, individualidad, memoria, intelecto, intuición y conciencia. El escrutinio del Yo real y las técnicas de la Doctología verifican la posibilidad de obtención de la liberación del dolor, del miedo, de la incomprensión y de la ausencia del ser. La doctrina de la Ocultura indica el rumbo a seguir para que con el conocimiento y el poder alcanzado se consiga la felicidad y fortaleza de la individualidad ahora y por siempre.

El que ha vislumbrado por la Iniciación el proceso que guía al Iniciador es entonces apto para continuar en el camino del desarrollo espiritual que incluye la Gran Obra del Maestro y es, por su profundo reflujo de las fuerzas internas que pugnan por aflorar y destacan, que el discípulo es merecedor del esfuerzo del Maestro. Solamente por el sacrificio, la perseverancia y la devoción se logra el objetivo de la evolución. La Ocultura es el nivel más alto al que un ser humano encarnado puede llegar. La Doctología es el método pluscuamperfecto para convertirse en un Maestro de la raza humana, en un integrante efectivo del liderazgo planetario actual.

Desafío de la inteligencia en el entendimiento de todas los noumens y fenómenos de la vida en los niveles existenciales de los seres y las formas.

"Por la devoción a Dios se alcanza el conocimiento de Dios".

Una ecuación intelecto-consciente para la captación ontológica de la Fenomenología Divina sería la concretización objetiva de que las formas que manifiesta la Divinidad en sus propias esferas, serían la suma de los niveles de consciencia que en Ella se proyectan en el tiempo y en el espacio.

La Doctología habilita la mente para la adaptación orgánica completa y entendible de los paralelogramos, arquetipos, esquemas y paradigmas del mundo tri-dimensional.

Abre el inconsciente personal erosionado por el inconsciente colectivo con el prototipo y paralelepípedo de las fluctuaciones densas, sutiles y espirales de la Naturaleza y el Cosmos.

LA CRIPTOLOGIA DE LAS FRASES DEL MEDITABUNDO

Estos paradigmas expresados en forma sintética sirven como objetivos de Meditación por parte del Meditabundo.

La abundancia de frases aparentemente dispersas constituye el anagrama críptico que abre las compuertas de la Mente Subjetiva, del Sub-consciente y del alma espiritual.

En un ciclo que comienza un domingo y concluye el sábado siguiente se debe abrir el cauce de la reflexión y la contemplación. Posteriormente el discípulo que desee seguir la disciplina de la Arcana Enseñanza Iniciática de Ocultura Universalis deberá anotar sus reacciones a estos pensamientos-frases-temas por un periodo de tres meses. Si esta práctica se ejecuta adecuadamente, la capacidad cognoscitiva y el dominio de los falsos yoes se operará consecuentemente.

Sería irrelevante advertir que en el contexto de estas frases que sirven de simiente para el meditabundo, hay un hilo conductor que lleva inexorablemente al despertamiento del ser interno. Si estas técnicas se prueban producirán resultados insospechados.

LOS PRINCIPIOS Y LOS FUNDAMENTOS EN LOS QUE SE SUSTENTA EL SISTEMA DE LA ARCANA ENSEÑANZA INICIATICA DE OCULTURA UNIVERSALIS

De donde procede la raíz del Yo
Quienes lo enseñaron desde el principio del Tiempo
Las Religiones, Filosofías y órganos del pensamiento a lo largo y ancho de la historia.
El universo es el hijo de la necesidad.

La leyenda cósmica es el elenco de los Super Universos regidos por las Supremas Entidades originarias:

Arcángel Argamathant - Universo de Orvantan
Arcángel Sakaki - Universo de Nebulón
Arcángel Adossia - Estrella Alpha Centauro
Arcángel Lorisos - Estrella Polar
Arcángel Liloyer – Estrella Solonica
Arcángel Haraton - Universo de Ors
Arcángel Herkission - Universo de Sirio
Archiserafin Peshtrocner – Universo de Arturo
Archiquerubin Hezgamatios - Universo de las Pléyades
Angel Kilotrepuz – Universo de Anti-materia
Angel Azklotour- Universo de la Octava Esfera
Angel Aklotous – Plano Adico
Angel Kilipivas – Plano Anupadaka
Entidad Solar Umera – Sistema de Vespez
Entidad Solar Kalkinous - Sistema de Austrumio
Entidad Planetaria Sekuco – Plutón
Entidad Planetaria Rakuse – Urano
Entidad Planetaria Ikariax – Constelación Osa Mayor
Entidad Planetaria Kaliptoz – Constelación Osa menor
Entidad Planetaria Kali-Tut-Maat - Constelación Casiopea
Suprema Personalidad Kalkianos - Nebulosa de Andrómeda
Suprema Personalidad Belzebutherincor – Agujeros Negros de Belzebuth-Bahomet-Satanael
Suprema Personalidad Lilionphos – Venus
Suprema Entidad Dinomalvering - Sistema Solar Doble Etérico
Personalidad Suprema Arthemiouus – Sistema de Marte
Potestad Sevotartan - Sistema de Júpiter
Potestad Kshetarnia - Sistema de la Luna

Los siete Agniswatas del Sistema Solar Ors
Los cuatro Maharishis del Sistema Solar Ors
Los tres Elohines Galácticos de la Vía Láctea
Los siete Lipikas Fundamentales Planetarios
Los 12 Arcontes Zodiacales
Los nueve Heraldos Universales
Los Archi-Arcángeles de la Ley de Alcance en las Heimarmenés
y sus esferas.

LOS UNIVERSOS INVOLUCIONANTES

La Ley de la Caída y Precipitación recíproca.
La rebelión ocurrida en los cielos lejanos y cercanos.
Los ángeles caídos del firmamento:

Belzebuth -Transmutador integral de la maldad
Himeneus Zeta - Orientador sexual universal
Zethu - Gran Regidor del Error cósmico ocurrido
Luzbella - Alquimista Supremo de la envidia
Samael - Alquimista Supremo de la ira
Josiel - Interceptador Universal de las emociones mezquinas
Zadkiel – Metafornicador de las lujurias planetarias
Olaniel – Metamorfo de las Yetaturas solares
Metatron – Orientador de la Satisfacción Ingente
Mephistaphulus – Perpetuo Perpetrador de Ordalías
Satanael – Alquimista Supremo del Odio

Panspermia Interestelar de los Universos Evolucionantes
Los superdistribuidores de las energías cuádruples de la
naturaleza:
"rajas" que equivale al movimiento acelerante activo
"tamas" que representaba a la inercia conservativa
"satwas" que procura el balance, en las Tatwas de los diferentes
planos el universo subjetivo y cósmico
Las Tatwas, la armonía del conjunto de las cualidades de la
materia prakrítica inmersa en Fohat.

La apertura de la Puerta Inefable en base a la meditabunda
reflexión sobre los siguientes temas eslabonados:
El Universo se sostiene por la acción recíproca de las fuerzas
contrastantes para que el Purusha esencial de cuerpo, alma y
espíritu o sea, "sat - existencia" "chit - consciencia translúcida" y
"ananda - armonización de las interrelaciones en un sistema

universal de arriba abajo y de abajo arriba", provoque la ulterior evolución del ser.

LOS ORIGENES DE LA EXISTENCIA SENSIENTE, LA VIDA PENSANTE Y EL DESARROLLO EVOLUCIONARIO EN EL UNIVERSO VISIBLE, EL SISTEMA SOLAR ORS Y EL PLANETA TIERRA

La compartimentación de las funciones ordinarias de la personalidad en contraposición a la inter fertilización heterogénea de la esencia individualizada.
¿A dónde va la Evolución? ¿Quién la dirige y con cuáles propósitos?
El ADN y sus subproductos actuales. El genoma humano y sus transformaciones.
La metamorfosis de los Chakras, centros y cuerpos.
Cromosomalipas son los nuevos conjuntos de conjugaciones desde el actual ADN.
Definir a la Divinidad con la Inteligencia y la Intuición es un portento de iluminados.

LOS ELOHINES, LAS JERARQUIAS CREADORAS, LOS GRANDES ARCONTES Y LAS SUPER- INTELIGENCIAS UNIVERSALES

¿Cómo recibí este conocimiento que me llevó a la Iluminación?
La iniciación humana y cósmica es infinita.
Los Iniciadores, el Iniciador Unico y las Escuelas Esotéricas.
Fraternidades Secretas, Sociedades Secretas y sus enseñanzas.
El Zohar pontifical del Urím y el Tumin, del Arbol de la Vida y del Merkaba.
La Magia y la Taumaturgia.
La Iluminación Profética.
Las Luminarias en el simbolismo arquetípico del Tarot cabalístico.
Cábala de predicción = Tarot
Cábala mística = Meditación subliminal iniciática
Cábala esotérica = Poder Elohístico
Antecedentes ideológicos de Ocultura Universalis - Melquisedeq, Enoc, Zoroastro, Gautama Buda, Cristo Jesús.

Adam Kadmon y la primera raza Adámica sucedió a los amentes y a los andróginos del continente hiperbórico. Mu (o lo que es decir, los lemures) procedieron de la estrella Sirio. Los atlantes fueron depositarios del conocimiento de las razas superiores de Alfa Centauro. Con la diferenciación sexuada comienza la tenaz carrera en el plano del tiempo y en la esfera del espacio de los seres humanos actuales y sus vertientes originarias.

LOS CUATRO ANGULOS DEL UNIVERSO MATERIAL NO EUCLIDIANO (subplanos inferiores del plano astral):
Bahomet
Belzebuth
Aritman
Lucifer
Lilith

Para los Hebreos son 72+1 los Nombres de la Divinidad ELOHIM-JEHOVA-ADONAI

Para los Budistas son 99+1 los Nombres Divinos ISHVARA-AVALOKITESWARA-AMITABA.

Para los Hindúes son 100 los Nombres Sagrados de la Divinidad desde BRAHMA-VISHNU-SHIVA.

Para los Misterios Americanos, los Divinos Atributos son 101 partiendo de HUIRACOCHA-QUETZACOAL-AGUILA BICEFALA.

EL VIAJE DE BELZEBUTH Y SUS ANTECEDENTES EN LA LITERATURA COMO TEMAS DE MEDITACION

Julio Verne - Viaje a la Luna y Viaje al centro de la Tierra
Rabelais – Gargantúa y Pantagruel
Solaris y los mundos paralelos
Viaje por Tres Mundos y la que fuera llamada "psicotrónica soviética".
Mi humor mágico sin llegar al silogismo escalofriante se parece más a una variopinta perogrullada, o tal vez con muy buena intención, al surrealismo fantasmagórico que impulsa la razón de lógica superior del Meditabundo.

La hetaira gigante después de no ser una buena puta tampoco pudo ser santa.

LA CADENA DE ERRORES CÓSMICOS EN LA IDENTIFICACION DE SECUACES-ZOMBIES

El tremendo error de cálculo de Zethu comienza el proceso de desduración inversa.
Los animalacres astrales, los íncubos y súcubos.
Los nefilines y los reptilianos, o sea los babosos aduladores y los arrastrados ineptos.
Finalmente los seres aritmánicos y luciféricos en la balanza de los infra universos astrales y sus consecuentes cadenas de errores.
La desaprobación de los archi-físicos elementales supremos a la desembocadura del arco descendente que paralizó hace 118,000 billones de años nuestra computación astral.
Arcos ascendentes y descendentes en el cuerpo, aura y magnetismo humano superdotado de espuma galáctica regidos por el elemental físico-químico del Avitchi.
Debido al mal uso en Mu (léase el continente de Lemuria en el actual Océano Pacifico) de la energía sexual izada y por la inversión del fuego serpentino en el acto de sexualización, los Seres Potestativos decidieron implantar el órgano kundartiguador.
Tantra, Arcano e Induva, se practicaron ampliamente en la Atlántida y fueron utilizados para elevar el nivel humano por la desintegración de las subrazas infrahumanas.

EL ANTE-PENULTIMO TRATADO DE DOCTOLOGIA ES EVOCADO POR EL MEDITABUNDO

Las técnicas supra posibles en los mundos inferiores.
Las precauciones cuántico simétricas.
Las fuerzas contrastantes asimétricas.
Las energías sutiles de la Naturaleza y los planos de los universos visibles e invisibles son recorridos por el Meditabundo.
El concepto de multiverso en contraposición a universos esquemáticos. Con sus programas y membranas solares y planetarias contenidas en un supra espacio de 11 dimensiones u Onkos en función del supra electromagnetismo o fuerza nuclear cuántica insondable.

EL MEDITABUNDO CONTINUA SU DECURSAR GNOSEOLOGICO

Jiva Operativo – la inteligentzia
Erguein – teurgia
Logos –Mantram-Taumaturgia
Clave-Llave-Cifra = códigos ocultos – Zivagama y las Fuerzas Sutiles de la Naturaleza
Vocación = llamado de Lo Alto
Etica – estética – esotérica

Las cuatro premisas ónticas:
No presumir - reflexión
No asumir - cambio
No insumir - proyección
No consumir – ejecución

Arcano y arcaico.
Incubos, súcubos en cascarones astrales. Ectoplasmas.
No imponer criterios acertados sobre los demás aunque estemos convencidos de su eficacia, cuando ellos estén en absoluto desconocimiento, error e ignorancia.

Humanólogos-escolásticos-emocionólogos-orientólogos-mediums-vestales-sibilas-pitonisas = creación del alma inmortal.

Por la esperada esperanza viviente de los pasos perdidos: proceso, promoción, protagonismo, prototipo, progreso.
Del entrampamiento al encumbramiento por el entendimiento inusitado.
Evaluación de la escala tonal propia del discípulo.
Crear las condiciones de: entrega, pasión, confiabilidad, integridad, desarrollo, recuperación, idealismo, resolución.
Accionar el dispositivo que neutraliza los polos opuestos, las contradicciones, paradojas y posibles múltiples factores con la fórmula de ecuación horas-trabajo-conciencia.
Planteamiento-resolución-conclusión o corolario en los factores naturales, transmutación del cambio.
Humanos, humanoides, subhumanos, nefilines, reptilianos, hermafroditas, normales, subnormales, supra normales.

Axioma: No se llegará a la supra normalidad sin antes haber normalizado los comportamientos individualizados.

Metáfora: Cetro del Poder opera sobre tiempo-espacio-conciencia-vida

POSTULADO: la gente ordinaria avanza por siglos; los ocultólogos por minutos y segundos de tiempo-espacio-menteser.

Misteriólogos
Orientólogos
Emocionólogos
Espiriteutas,
Ilustrados,
Enciclopedistas
Académicos
Doctólogos

Entidades convergentes en el hombre:
Antropológico-natural
Celular-biológico
Molecular-vital y espectral
Electrónico- óntico

Apotegma
En el homo sapiens la naturaleza se hace autoconsciente; en el ocultólogo el cosmos se concientiza en el nivel óntico del multiverso.
"Todo lo hizo hermoso en su tiempo y ha puesto eternidad en el corazón de ellos sin que alcance el hombre a entender la obra que ha hecho Dios desde el principio hasta el fin" (Eclesiastés 3:11)
La sexualidad sirve para complacer, disfrutar, exaltar. Cuando es promiscua y desenfrenada impide el desarrollo y atrae lo maligno.
Tamaño objetos-cuerpos, dimensión y ensanchamiento. Rompimiento de las estructuras neuro cerebrales y neuro lingüísticas. Apertura de los "otros sentidos". Definición de los sensores de los centros y los sensores externos, intra sectores, fijaciones y reflejos condicionados en la máquina humana.
Sacrum Novum Organum del Mitrión. Implantación en Shamballah.

"Se crece en la crisis pero el destino depende de nuestra lucha"

Capítulo 2. CÓDIGOS KALKIANOS

CODIGOS KALKIANOS PARA INSTRUMENTAR LA MEDIDA ESPACIO TEMPORAL DE UNA SEIDAD

Para que la vida no se nos pase, aprender el auto recuerdo y el desarrollo de la supra conciencia.

Los Traidores y Asesinos del Fracaso buscan Tanatos (muerte).

La ausencia del vacío lleva extrañamente a la plenitud.

Cambiar, cambiarse, reinventarse a sí mismo y los medios para lograr los cambios increíbles en el ADN de cada cual con el procesamiento doctológico y parapsicológico de la Arcana Enseñanza Iniciática de Ocultura Universalis.

Esta experiencia inolvidable te llevará a la realización de tus anhelos y deseos.

Pues los seres humanos proyectan su sombra por delante de ellos; aprende a entender los claroscuros de la gente.

Xeta- Nimlo

Sleru – Xruzu

Mranlo – Ylanilda

Likliago – Mlunke

Slantlan –Izpkaim

Cuando el Futuro se hizo presente, llegó el después.

Ideario Errante del intruso.

Complace al amado y alcanzarás la felicidad.

Vampirismo sexual, mental, mágico, psíquico, físico.

Anomatu

La refulgencia de la flor del viento.

Entre la lógica y la supra lógica, la esperanza.

La batalla más perdida no es la que no se gana, sino la que no se da.

Un golpe de autoridad es lo que te despierta de una vez.

He aprendido que en el principio está el fin y que el fin está en relación dialéctica con mi principio.

Némesis = estrella cercana a la nube Oort

Señales del Sol. Sedna es su otro nombre

Proveedor de entusiasmo ontológico.

Lo que no se entiende bien se entiende mal.

El absurdo es la explicación para la mayoría de las actitudes de la gente.

Cambilongo del pasar de una esfera a otro plano existencial.

Tu eternidad seduce en la memoria.

Ordenes transversales a la conducta.

Esgrimiendo lo absurdo en la cama y en la mesa:

La buena comida es vitamina para el espíritu.

La salud del cuerpo se cuece y condimenta en el estómago.

Mejor que cualquier medicina es siempre la buena cocina.

Autonomía de la verdad inherente en la metamorfosis corpórea.

La profecía que se cumple es porque en su advertencia ha fracasado.

El punto de saturación perceptiva que finalmente nos ayuda a despertar.

Ausencia de abundancia equivale a plenitud en la nadidad.

En este mundo no sólo se reconoce al que se admira, sino al que se teme.

Entrada y salida de la feria de lo posible contando con el Augoide.

Salud-física; estabilidad-emocional; poder-mental-substanciado.

Las fases del aprendizaje, la disciplina para cortar peligros y contaminaciones vibratorias por mediación de:

El mago = operador psi

La médium = canal sensor

El espíritu = energía invisible

Que otorgue los premios luminosos. Psicofonías y psicogramas de la aproximación al evento cumbre.

Psicometría analítica intuitiva

Luminarias secretísimas de la esfera de Shamballah.

La discreta oleada de los Seres Planetarios extra-solares.

Todos los malos dicen lo mismo: que todo el mundo es malo.

El aliento del espíritu nace en mí por el alcance del Ente Cósmico.

ergonlenesis

galafares

ishote

desmelines

kantauros

En un punto clave del norte de la vida.

La oficina del viento en el tiempo.

Adelantar el tiempo vital perdido o mal aprendido.

El final de línea en los Yoes contiguos.

Para la liberación personal es necesario salirse del inconsciente colectivo de la humanidad (el paralelo con el alma grupal animal).

Entre la espada (aguja) y el estandarte, me quedo aparte.

Ejercicio de grandeza cuando el contento viene de tener contenido personal.

Y la reflexión del Meditabundo se convierte en exceso de captación.

La tristeza es la lucidez de saber que se ha perdido algo, aunque no tanto que sea demasiado.

Alcanzar la iniciación que abre la posibilidad latente del ser humano de pasar del estadio de ente natural a convertirse en una entidad espiritual superior autoconsciente requiere que se produzcan antes:

Desdoblamiento-descoyuntamiento

Proyección, expansión, Exteriorización

Cesación de los bloqueos, frenos, inhibiciones y trampas (auto-sabotaje)

Iniciación de la información biológica, genómica, celular, alquímica

Conocimiento, sabiduría, iluminación, liberación

Percepción intuitiva, escritura automática, pintura mística, meditación, canalización, exteriorización, proyección, elevación, contacto con los Maestros.

El sexo es natural, el Amor es excepcional.

Con mi Poder Inefable cambio cuando quiero el curso de los acontecimientos porque hago lo que puedo cuando quiero y no solamente lo que quiero lo hago cuando puedo. He aquí la diferencia entre el poderoso que es sabio iniciado y el hombre vulgar.

Poderes: Tantra – Orgón – Ananga ranga-Abracadabra

Mental (perceptivo) acción - hacer

Malenfo (Ogro)

Abissus abissum invocat – el abismo llama al abismo

A mari usque ad mare – de mar a mar ("Dominará de mar a mar, y desde el río hasta los confines de la tierra", Salmos 72:8).

La ética es la estética del espíritu. La educación es la aristocracia del alma.

Razonamiento es relocalizar o revisar las zonas cerebrales por descubrir.

La conveniencia es una fácil justificación ante la fenomenología de la Existencia Condicionada.

Bajar las luces (Luminarias) de la Arcana Enseñanza Iniciática de Ocultura Universalis en Cábala y Merkaba.

Objeto de percepción física

Objeto de percepción metafísica

Objeto de percepción psíquica

Objeto de percepción sensorial

Objeto de percepción sentimental

Objeto de percepción suprasensitivo

Rompimiento-resultado-fascinación-percepción-observación-memoria-recuerdo-auto recuerdo-absorción de la información.

Para la gente ordinaria la mente es indispensable; para el Iluminado la inteligencia es una puerta a la comunicación: Intuición en paradigma.

Mirar de frente y hablar vocalizando.

Discernir en quien se usa la energía, el tiempo y los objetivos.

No perder el tiempo que es irrecuperable en vanos intentos y en conversaciones lamentables.

Aprender a sacar adelante la luz interior, Intuición y trascendencia.

Lógica superior del discípulo que despierta el orgón.

La superación de los obstáculos. Yositos y el yo real. La implantación del órgano Mitrión.

Trasmutación de fuerzas y ruedas de bloqueo.

Capacitando, capacidad, capaz se llega a ser siendo consciente de la Arcana Enseñanza Iniciática de Ocultura Universalis.

Limpiar las grabaciones negativas, arreglar las permutaciones erradas, borrar los horrores imaginarios.

Crear creyendo. El hombre es lo que piensa. La inmutabilidad es sólo por fe.

Fases: planeamiento y organización –ejecución- desarrollo central – resultante:

Un poderoso nivel de acción, sus tentativas imperan a toda existencia sensiente y pensante. Pero vale el esfuerzo. Nunca desperdiciar tiempo, energía y recursos con quien no hace el esfuerzo de apertura al sendero de la inmortalidad.

Los que no son devocionales al Ser Supremo nunca alcanzarán los resultados superiores.

Orientología es una forma de alquimia, de magia y adivinación (Tarot, Astrología, Biorritmo, Runas, etc).

Mediumnismo es una de las formas elevadas de Orientología.

Meditación = sus métodos, sistemas y orden.

El contacto con los seres del más allá.

Depender de descubrirse a uno mismo. Falsas identificaciones propias. Contaminación vibratoria.

Ignorancia, pretensión y falsificación.

Tecnocratum y Psicomanteuta.

En los viajes astrales que comienzan por el recorrido consciente sobre las sensaciones, emociones y sentimientos, atravesando los planos y sub planos dentro de nuestra densidad personal, para después incursionar fuera de uno mismo y ascender a los niveles autoconscientes del recorrido en el mundo astral, el éter reflector, el Akasha y los planos superiores.

Evocar el personaje y el principio de los vasos comunicantes en Malaleuga para el perfil de lo innombrado.

Lo que fue, pudo haber sido, lo frustrado, lo incompleto, lo irrealizado, el miedo de ser uno mismo, el valor de ser uno mismo.

Acentuar la dinámica de procurar hacer y no consumar, aferrarse a la inercia estática improductiva de la tensión. Buscar el resultado eficaz por el planteo y la resolución auto determinada, auto inducida en el determinismo anímico y sensorial y extrasensorial y psíquico-intuitivo-intencional.

El mago es el eslabón necesario para establecer el antakarana. Visualización del mundo invisible (plano astral); éter reflector; niveles del Akasha. (Memoria de la naturaleza y del universo).

Visión de los Yoes (Guardián del Umbral). Evitación de los elementales, cascarones astrales, elementarios y otros espíritus bajos.

El mago es el primer puente o antakarana; el soporte es el último. La personalidad del discípulo batalla entre ambos y los dos resultan indispensables ya que el espíritu no se puede comunicar con el Yo si no es por el maestro y mago (un maestro que no es mago y viceversa son instructores incompletos).

EL MEDITABUNDO PROCURA VENCER LOS PARES DE OPUESTOS

A) Meditación = atención-necesidad de encuentro

Latihan = concentración-búsqueda de lo superior

Induva = contemplación-visión elevada

Tantra = éxtasis-metanoia interior

B) Controlar-Contralor = dominio interior vs. pretensión de dominar a otros (intimidación = miedos sub- conscientes).

Metatrones-siddhis-silencio mesurado

Modificación del principio pensante. Nadis vs. Vitris. Reflexión adecuada.

Crean condiciones específicas que hacen Karmarless-accionar definido = servicio, generosidad, trabajo, desinterés, entrega.

C) Transmutar la sustancia oscura en transparencia vibratoria. Agenciar-habilitar el funcionamiento de las influencias planetarias del Ascendente (el Alma) versus las radiaciones externas del signo solar. Disciplina, devoción, determinismo.

D) Marcar cada uno su tiempo vital de acción programada al intento de cambio convertido en elaboración asistencial del logro real objetivo.

Aprender a mirarse a uno mismo y no de desperdiciar el tiempo vivo en la nulidad de las trampas y autoengaños. El auto sabotaje es el eje principal demoníaco que impide la realización.

Axioma: concientización del punto en el que se está y determinación del próximo esfuerzo. La nulidad de la inacción no da ocasión al desarrollo del ser.

El mundo astral: Como se llega conscientemente al sueño y luego en la vigilia se sostiene el recuerdo.

La recurrencia: la cantidad de ser (integración) alineamiento y memoria con efecto Déjà vu.

Imaginación, fascinación, imaginería. El recurso (del discurso) pluscuamperfecto del neuro lingüismo.

Los recursos de las incongruencias externas versus la recurrencia interior para desarrollar la supra racionalidad. Se debe antes haber vencido la normalidad (aberración) la cual debe desactivarse por el conocimiento de Ocultura. La supuesta normalidad no es más que la vacuidad de la vulgaridad.

Las tablas inferiores de división de la personalidad (el máximo superlativo; la esquizofrenia, la ausencia de ser - desintegración, alienamiento).

Desencadenamiento de las dependencias: la mirada al factor de falsa belleza y el elemento que atrapa al que los ingestione hasta la obtención de la sexuación vana.

Los hidrógenos regenerados por el Cetro del Poder inducen al más alto nivel de desarrollo del ser espiritual.

El paralelepípedo – Koan - educir el personaje del interior del individuo despertado

Bisectriz – zazeng- emerger la esencia del Yo contemplativo real

Azimuth – tantra – unificar los yoes (evolución superior del arco por Induva)

El bipartito = vidas paralelas (reencarnantes reencontrados).

La cópula mística = Bodas Alquímicas de Christian Rosenkreutz versus la química orgánica exterior de los instintos, hormonas y baja sexualidad. Involución.

Unificar los pares de opuestos de la personalidad.

Mantrams y mudras = Tulku Mandala Martam. Tan-tra- A-ramm-tan-tra

Los pares de opuestos. Atrapar las energías y no dejar que la energía los atrape (sexualidad baja, entrampamiento versus sublimación del vril).

Atrapar la energía que surge por el esfuerzo en cambiar y sustituir al trascender y llevar a lo óptimo, a lo selecto, en contraposición a las octavas inferiores involucionantes.

Axioma: potencialidad versus ineptitud - realización versus decrepitud.

Lo que no sube baja, lo que no se desarrolla se pierde.

Cantidad de ser ostensible por la Meditación enfocada en Abraxas.

Cualidad de la esencia los movimientos precarios del control. Verbigracia Kundalini con Pranayana en contraposición con los estados provocados por Induva y Arcano que actúan sobre el ser y no sobre los vehículos del ser.

Recurrencia = recurso, recurrir, recurrente, revalorar, ligar, revisar.

Talismán humano. Significa persona u objeto que atrapa y absorbe energía para algo favorable.

Amuleto: rechaza las influencias y energías negativas circundantes.

Tankas. Maituna. Tantra. Mandala. Arcano. Induva. Autorrealización volcada al Amor Eterno.

Caitaia: acción de sustitución, cambiar imagen, sensación y voluntariedad en el proceso de cambio hominal. Evocar el personaje interior del ser y del Maestro.

Anarquía, dilapidación, ausencia, incapacidad de verse a sí mismo.

Buscar lo bueno, simplemente eso mismo.

Rompimiento de esquemas y complejos, espontaneidad, inducción, protocolo; compromiso efectivo.

Quitar lo malo.

Agilizar la integración en el claro instantáneo del despertamiento del Yo verdadero.

Eres el sujeto auto determinado que sostiene el ejercitamiento de la emoción-sensación-diferente en calidad al ordinario victimizado.

Alquimia esencial versus química orgánica.

Malahaya versus feliz culpa en la prolongación expectante de la suerte.

Axioma: las pruebas puestas al estudiante sirven para la selectividad en la entrada al nivel más alto posible del desarrollo del ser real.

Rumbos oscilantes de la vida individual que se repiten continuamente en los simples humanos ordinarios.

La ética en la evolución y espiritualidad convierten los rumbos negativos y las energías negativas del aura en focos virtuales de elevación espiritual y Karmarless.

Romance del Arquero de Dios. El Barco de Piedra y todos los poemas órficos despiertan el cuerpo astral en el sueño.

Cuando el Maestro pregunta ya sabe la respuesta. Solamente está probando al discípulo.

El No – yo y el Bio - Ser

La Ley del Vitrol. Solve et coagula.

Donde no hay no queda.

Contaminación inexorable. Razón y fe. Tiempo vivo.

Las paredes transitorias pasan y se deshacen con el tiempo.

Se crece en la crisis.

Lo fácil es falso.

Frescalosa es la forma de pensar sin motivo.

Meta política, psico-manteum, tecnocratum en la respuesta buscada al mal social.

Hay un modo de vencer y es exceder los sustratos amorfos vitales.

Meditación-éxtasis con boca entreabierta. Media luna en Vril.

La creación del alma. Las clases de almas. En forma vibratoria, especializar y determinar la construcción astral y causal. La Tanatología.

Furiones, Futrones de los vehículos etéricos y celulares.

El llamado de sí. Ejercicio del Stop. Controlar las circunstancias.

Identificarse identificación. Vehículos, centros; usurpación de funciones de los centros.

El Yo y los múltiples yoes. Integración en inmortalidad.

Nostalgia, tristeza, melancolía, dolor, angustia, emoción, sentimiento, sensación. Falsos estratos del proceso despersonalizador de la esencia.

Sentir la presencia de Dios en el templo y en todas partes es Espíritu Puro.

Thetam emisor es el instrumento de la mente para llegar a la Inteligencia Superior.

Protectores invisibles, amigos del cielo, ángeles guardianes. El aliado se llama, se crea y se evoca.

Los sueños que la vida nos da con las acciones de la gente llegan a trascender el pasado.

Arcano. Orinar y retener el aliento. Visualización objetivación (reacción de la propia realidad versus surrealismo). Desbloqueo y evitación de sabotaje exterior de la personalidad.

Si los dioses no aman sino a los que les demandan lo imposible, la Divinidad no da su bendición sino a aquellos que permanecen inquebrantables en lo imposible.

Sheidim- hombre animal

Unicornio, pegaso, centauro, fauno. Símbolos del Yo inmerso en la animalidad.

Golem – deidad humana arquetípica

Endura – muerte voluntaria cátara como falso escape de la Ley de accidente.

Oricalno antigravitacional en las vetustas arenas del olvido involuntario.

El eterno retorno. Los ciclos repetitivos y los encuentros producto de vidas pasadas.

Formas de pseudo esoterismo: Secta secreta abakuá. Santería, candomblé y vudú. Materialismo Esotérico y subcultura pseudo ocultista.

Almas gemelas que se reencuentran en el Desparpajo-degarito = descaracterizacion de los falsos individuos de ambos sexos.

Los valores se subvierten cuando la necesidad es apremiante.

Entaite/ Imene/ Ouspha/Untizal – Versátil naturaleza del principio pensante.

Aprender a programar favorablemente: "hoy no me ocurrirá nada malo; nunca hoy pasará nada malo" crea ondas mentales favorables. Sueño, ensueño, éxtasis, premonición provocada e intuición dirigida. Frecuencia vibratoria y vitatrónica.

El sufrimiento se transmuta en Indemnización. El poder de la humillación. Atributos del sabio meditabundo:

Humildad-entrega completa. Rendición ante Dios = Japatación

Ángel interno = augoides - auto Invocación a uno mismo

Karmarless-liberación

Inspiración auténtica

Memoria – imaginería- intelecto despierto al mundo invisible.

Tristeza por el mundo y el pecado de los ignorantes.

Colorido pálido = anuncia presagios que se aproximan con tristeza

No toca tierra con sus pies en la elevación al infinito.

Reconversión a Dios por el meditabundo.

Reflexión en nuestra vida.

Recapacitación sobre nuestros errores.

Reparación del mal cometido.

Movernos hacia el mundo espiritual en forma auto determinada.

Desarrolla tu llama de amor para que encuentres la grandeza que mi amor te ofrece y la felicidad que con él te llega.

La vulgaridad es la excusa cuando no hay talento.

El camino de acceso al Poder.

Origen del universo interior.

Pitágoras probaba sus discípulos con astutas aptitudes y sustos extraños.

Rápida respuesta en toda la encarnación como el alma inmortal que encuentra su propio contenido.

Entre el Ser y la nada y el Todo y el Ser existe el tiempo-vivo de la regeneración espiritual.

El vril (raíz del Yo) puede evolucionar solamente cuando se lo despierta.

Catapulta del triunfo.

Levanta la piedra y allí me encontrarás, parte el árbol y allí estaré yo (Evangelio gnóstico de Tomás).

Los dientes de un perro muerto pueden brillar más que las perlas.

Emancipación-transformación-Alquimistas.

La Reaparición. La Implantación. La Instauración. La culminación del proceso del Señor de la Segunda Venida.

La conversión del maligno y sus ángeles caídos.

El último enemigo en ser derrotado es la muerte.

Cascarones galvanizados; formas electrónicas, enviaciones, ectoplasmas descarnados, peligros ambientales.

Los protectores invisibles.

El arte de la política es hacer posible lo necesario. Los políticos prometen lo que no pueden.

El retorno de los magos. El retorno de los dioses.

La naturaleza desecha experimentos insolventes.

Nuevo código genético, nuevo tipo de sexo, y tercer sexo.

Nuevo cielo = terrestre, solar, galáctico, cósmico

Imán-magneto para atraer mentalmente al Gurudeva.

Iniciación egoica y cósmica.

Saber el Rayo de la Creación a que se pertenece es acceder al Poder sobre uno mismo.

Tu lugar en la escala de la vida depende de tu visión auténtica del alma y del espíritu.

EL COMENTADOR INSTRUYE AL MEDITABUNDO

Con sus frases sueltas acertadamente vertebradas, el Comentador muestra las llaves y claves para el alcance del Poder.

La Religión, la Mística, el Esoterismo y la Ciencia. El sistema iniciático de las Escuelas Esotéricas, Ordenes Mistéricas, Fraternidades Herméticas y Sociedades Secretas en la actual dimensión y su proyección futura.

Dios, la Muerte, los estados de conciencia, a la percepción de uno mismo, de los Yoes y la posible eternidad. La Memoria y el recuerdo. La reencarnación y las vidas pasadas. La sensibilidad y la emocionología en la Doctología. Tristeza, melancolía, nostalgia, abatimiento, apatía. El ideario de la Ocultura y la entidad-ser impuesta de inteligencia, imaginación, memoria, sensibilidad, voluntad y actuación.

Enervación, complejidad, fascinación, decepción y frustración se superan si se aprende de la inerrancia del Iniciador de Ocultura.

La erradicación de los estados de inconsciencia que impiden la permeabilidad de la percepción y supra percepción en los niveles extra físicos. Los planteamientos no sociológicos, ontológicos, psíquicos y extrapolados.

La practicidad de la Ocultura que a diferencia de los otros sistemas filosóficos ofrece y define el establecimiento de una metodología pragmática que a través de técnicas secretas permite probar los postulados de la realización de la conciencia de vidas anteriores; agiliza los mecanismos y anti mecanismos de esa realización. Lo difícil del Ocultismo es que es una Cultura de lo Oculto destinada únicamente para los intrépidos y persistentes buscadores y no para el curioso ocasional del facilismo.

La Jerarquía Planetaria en el esquema solar y cósmico prepara arduamente el Nuevo Evento Cumbre de la Doctología.

La Gran Fraternidad Blanca es una organización de individualidades que no necesitan reencarnar y que se asocian voluntariamente para colaborar en el Plan Evolucionario de la Divinidad.

Los Grandes Seres y los llamados "Maestros" no poseen el Poder más allá de ellos mismos y no pueden variar el karma y la autoridad de los Lipikas, pero los Maharishis y los Agniswatas dirigen el destino y no están sometidos a otros poderes que no sean de sus propios Arcontes. El Karmarless es operado por algunos Maestros, bajo la dirección central de los "seres – leyes" o sea, los Lipikas, Agniswatas y Maharishis.

La Convocatoria al Primer Congreso Mundial de Ocultura responde a la necesidad histórica presente y futura de integrar las diferentes escuelas y corrientes del pensamiento esotérico. Desarrollo hominal elevado, autentificación, reconocimiento y titulación de los expositores, dirigentes e integrantes de los círculos iniciáticos. Disciplina y enseñanza (escolástica de la Doctología como fuente de interacción del sistema de la Arcana Enseñanza Iniciática de Ocultura Universalis).

La concomitancia y la diferenciación entre lo iniciático e iniciatorio y lo escolástico y lo sustancial. Los postulados, propuestas, acuerdos y discusiones del Congreso Mundial de Ocultura se delinean para su mejor entendimiento programático.

Las reglas, y disciplinas del Ocultismo contemporáneo y el Pasaporte Iniciatorio a los centros planetarios de la Internacional de la Iniciación.

La Dinámica futura de la Internacional de la Iniciación en el Cónclave Iniciático Universal y el Congreso Mundial de Ocultura que facilitarán el progreso acelerado para la auto-realización.

El Sanat Kumara fue el Fundador de la Gran Logia Blanca en el planeta Tierra, junto a sus tres hermanos-Kumaras que hace

500.000 años llegaron desde la cadena planetaria venusiana y que transportó el Primer Cetro del Poder hacia nuestra Humanidad. La "raza sacerdotal" trasplantó el Segundo Cetro del Poder en el planeta Tierra.

Hace 300,000 años que llegó a la Tierra el Sumo Sacerdote Melquisedeq de la Estrella Alpha Centauro con una "raza sacerdotal" de 12 Melquisedeq dirigidos por el Ashieta Shiemash. La composición de la Jerarquía está expuesta en mi libro "Cultos Ocultos".

La Escuela Esotérica de la Internacional de la Iniciación es el brazo académico-escolástico del Cónclave Iniciático Universal. La Iniciación de Ocultura lleva gradualmente aunque mucho más rápido que la evolución humana ordinaria a la integración del espíritu, alma y cuerpo para la emancipación del karma por Karmarless y la actualización del potencial que promueve y procura la liberación de la reencarnación, del sufrimiento y de la muerte por la alquimia y la taumaturgia del Arcano-Tantra-Induva-Mitraico en acción centralizada del Latihan.

El proceso de maduración de la ideología que sustento ha sido fruto de muchos años de meditación y reflexión. En ocasiones, la punta aguda de mis colegas o la audaz interna enunciación del Baba, hicieron fuerte en mí la certeza de que había llegado el momento en el Ocultismo de una crítica de sus tergiversados enunciados.

Desde Hermes Trimegistus hasta Christian Rosenkreutz, posteriormente Blavatsky y sus discípulos y continuadores hasta Gurdjieff y sus comunicadores, encontramos trazos valiosos en medio de una maleza de acertijos incoherentes y contradictorios. La Religión Exotérica en general y las escuelas filosóficas en particular, han adolecido de no explicar a Dios y menos aún a los Santos Seres llamados Maestros por el mero hecho de enseñar más que por haber alcanzado la liberación del ciclo de renacimientos.

Esa ausencia de Dios la hayamos en las religiones orientales, especialmente en el Budismo Hinayana, como también en supuestos instructores como Jedu Krishnamurti, el cual descaracteriza su enseñanza del Ocultismo absolutamente, denotando un completo ateísmo.

Las iglesias cristianas fundamentalistas asumen además una práctica fanática y a la vez una connotación de ausencia de la Divinidad, la cual sólo y únicamente encierra jaulas de palabras y falso quietismo y la negación farisaica del alma inmortal. La Gran Ramera, o sea el humanismo secular y sus secuaces pseudo teológicos, ignoran en la vida presente la exploración del alma, el espíritu, el más allá y la vida eterna personal.

San Pablo proclama que "si no hay resurrección, comamos y bebamos que mañana moriremos" o sea que cualquier intento de religiosidad y pensamiento que no se plantee la "eternización" de la persona humana, es simplemente tan materialista como la filosofía de Marx y de Engels.

Ocultura es el único sistema que presenta una expectativa a los buscadores de la inmortalidad de la vida, más allá de la muerte y por consiguiente, de la existencia de Dios.

No existen, -no pueden existir-, Esoterismo, misticismo, espiritualismo, sin experiencia personal con la Divinidad y el camino hacia la obtención de la integración y materialización de la individualidad humana. El Sendero del Misterio conduce a la apertura de la puerta del conocimiento de la Ciencia Secreta, del Poder y de la Liberación de la reencarnación. Ocultura es por lo tanto, la concreción ideológica de la comprensión de la Esencia Divina y la posibilidad de la trascendencia de la conciencia personal humana.

El contacto con los seres, entidades y esferas del Más Allá o sea del mundo invisible físico y supra físico es la razón de las Escuelas Esotéricas y la Obra de los Maestros, Profetas, Hierofantes y Taumaturgos, por lo que la meditación debe ser una condición específica de la mente, la inteligencia y la intuición entrelazadas por la memoria consciente. Meditar no es simplemente una postura o asana, es un estado de reflexión continua y constante de la supra consciencia en pujante acción hacia lo Eterno e Infinito.

La Ontogénesis es la enunciación de los Fundamentos Ideológicos que nutren y de los que se nutre el Meditabundo en la función y profundización del salto a la plenitud desde el vacío.

Para el logro de la integración del Yo y la existencia consciente con auto recuerdo antes y después de la muerte física, formulo algunos tópicos que sirven para la práctica orgánica de la meditación del Meditabundo.

El temario y las cualidades para el ejercicio silencioso de la meditación conllevan la aspiración del ideal, o sea recordar y visualizar el objetivo que se persigue conseguir.

La atención debe ser mantenida hasta producir el estado de concentración con los ojos cerrados y los sentidos ausentes, que activa un cosquilleo en el entrecejo. Posteriormente la respiración se reconvierte en mantras no solamente de sonidos vocales, sino de entonación mental y vibratoria. Finalmente, el meditabundo, específicamente en la mañana temprano y en la noche ya tarde, deviene uno con la sintonía del tema que se encuentra explorando.

La consecución de la Meditación atiende a factores individuales, el signo zodiacal, la cábala y numerología de cada uno, entrenamiento persistente que llevará inexorablemente al encuentro personal con Dios, el Maestro, lo Eterno.

El ocultismo es la apoteosis de la inteligencia, la intuición y la auto realización. No se admite la superstición ni las aberraciones de los ineptos. En resumen, en el esoterismo se convalida la sentencia "Déjate conducir" para lograr la finalidad que se vislumbra.

El sistema doctológico postula una consecución de niveles de convivencia y desarrollo integral por medio de grados iniciáticos secretos que permiten el uso y utilización de métodos empleados por el Iniciador para que el discípulo alcance y asimile sus objetivos.

AXIOMAS

El esclarecimiento del Misterio por el uso de las leyes ontológicas de la Doctología produce una ingente iniciación en Ocultura y lleva inexorablemente al contacto de conexión con el Plano Invisible en sus múltiples subplanos y esferas.

El referencial Doctológico es la magna clave maestra para la integración y concretización del Yo-Real en el esquema espacio temporal de la existencia condicionada.

La periferia ontológica suplanta al entorno de la fascinación material. El Cónclave Iniciático Universal ha proclamado a todos los componentes del Congreso Mundial de Ocultura la instrumentalización e implementación de un novedoso sistema subliminal, neurofuncional y supra-glandular-neuronal para la identificación del Yo-Real y su emancipación en el logro de la visualización en tiempo presente-real del aura humana y animal.

APOTEGMA

La externalización proyectada al centro del cúmulo de fuerza depositada promueve el ejercicio oculto de sustentación del Yo-Real en la fortaleza de las propiciaciones y alcances que superan la vida ordinaria y la percepción sometida a las esferas inferiores.

Esta estimulación impelida por el Cetro del Poder en el ceremonial teúrgico de la Iniciación en la Doctología capacita de una manera personalísima para la superación de los obstáculos y el alcance de las varias funciones superiores de la conciencia translúcida.

Los Maestros depositarios del Gran Alcance del Poder ayudan y cooperan a que el iniciado se identifique en su contenido interior verdadero y salga del entrampamiento del mundo material.

Mediante la Doctología se crea la habilidad de hilvanar las conexiones y elevarse por encima de los vericuetos del engranaje mecánico de la existencia infra-sensorial.

Las claves vertidas permiten la concatenación inteligente de los factores componentes y por su asimilación se incrementa la memoria en el sueño, el ensueño y la percepción de vidas pasadas.

Variopinta precipitación que lleva al iniciado a traspasar el umbral del mundo etérico y por consiguiente participar de las comunicaciones e informaciones de los seres supra sensientes.

El neuro lingüismo del mensaje de la Doctología decanta la interacción de las técnicas ocultas de hacer cámara y la posibilidad en Ocultura de la auto iniciación guiada por el Maestro Iniciador.

Un inusitado desafío ideológico planteado por la Doctología, la promoción de "nuevos Maestros" y la participación de los líderes del Congreso Mundial de Ocultura en la nueva promulgación de los Grandes Seres Cósmicos y su acercamiento a los iniciados contemporáneos. O sea, es posible ahora para los iniciados en Ocultura tener la tutela de un Maestro personal que opere desde el plano invisible a nivel planetario y cósmico.

Se vence el arco vida-muerte por la experiencia de eternidad en la concretización de la identidad del Yo-Real.

Meditación enfocada

Contemplación interna

Exaltación prolongada

Éxtasis cósmico después del Terror del Umbral

Unicidad con Dios, el Maestro y el Yo-Real

Cuerpo celular es el vehículo perceptivo en el plano físico.

Alma es el vínculo que anima el cuerpo y conecta el espíritu y produce la creación de la individualidad inmortal.

Espíritu es la prolongación del Yo más allá del tiempo y el espacio en el estado infinito de la Seidad.

Despliegue funcional.

El espiritismo es una ingenua catarsis de los desconectados del fenómeno oculto.

Ningún verdadero mago se conforma con menos que con todo lo que puede lograr.

Hacer y decir, producir la kenosis y el vaciamiento para impulsar las espirillas neuronales en el proceso enaltecedor de la metanoia, o sea el cambio a lo mejor, óptimo y más alto en la escala vibratoria de la existencia. Por lo que el rompimiento de los lazos atávicos resulta indispensable para la unificación de los yoes en la convergencia del Yo-Real. Indispensable sería converger y convertir lo alienado en alineado.

"Que El Elohim de lo Absurdo absorba con esplendor el significado onírico yuxtapuesto en estos escritos."

La velocidad lineal se enfrenta a la permeabilidad luminosa para provocar el rompimiento del antakarana en la dilatación espacio temporal atípica y extrema.

Ley treceava o ley de exclusión (excluye "el anillo no se pasa").

El Octavo Sacramento es la Iniciación impartida por el Iniciador de Ocultura.

La ecuación de nuestro propio ser interno cifrada en el código genético es la palabra perdida o secreta. Hay que encontrar esa ecuación personal para hallar el contacto con la Divinidad. Constituye el número 73 de los Nombres Sagrados de Dios (Tetragrammaton).

La transmisión de la fuerza del Rayo de la Creación a través del Cetro del Poder activa la energía del vril (eso forma parte de la ceremonia del Avatar en el Mistericón).

Una de las dispensaciónes cósmicas del Avatar es que el uso del Cetro del Poder despierta las posibilidades internas de visualizar en el Akasha las vidas pasadas.

Puntos centrales del Cónclave con el Avatar:

1 Obediencia a sus mensajeros

2 El diagrama para la Nueva Era

3 Ideal para la creación del alma inmortal: vivir es tener una meta, un ideal superior al que dedicar el tiempo vivo, lo demás es existir.

Cuatro tesis fundamentales del Avatar que se resumen en dos de este modo:

a) Transmutación del Karma a través de la indemnización.
b) Cumplimiento del Karma principal de cada uno.

"LO DECLARADO Y LO NO EXPUESTO". ENTRE EL MISTERIO EXISTENCIAL Y LA UNIVERSALIZACIÓN DE LA INICIACIÓN

La activación y actualización del órgano Mitrion que se implanta en el cuerpo del discípulo por el Maestro Iniciador.

Con la misericordia instalamos en el aspecto externo y material de la Devoción, su expectación interna, por contacto con el conocimiento que conlleva la comunión -unión común entre "eso" y el "yo"- con la Divinidad.

Las simientes de la Meditación y la Abstracción Mental. Expresiones de la Imaginería Secreta.

Los llamados lo son en función de sus espirales cerebrales y su devoción. Para los demás decimos una vez más: ¡fuera los profanos!"

La comunicación del Cónclave Iniciático Universal.

1. Los Maestros, los Angeles y Espíritus Elevados y el Avatar. Los contactos, la proyección astral, la visualización. "Vitrioloazogue" de lo inaccesible.

2. Lo Declarado-lo no expuesto. La implantación, proceso de siete años:

a) Universalización de la Iniciación Crística

b) Selectividad, "muchos los llamados, pocos los escogidos"

c) No hay Religión más elevada que la Verdad

d) El Sacerdocio Iniciático Universal: naguales, lamas, cohen, ministros, imanes, chamanes, taumaturgos. Nuevo sacerdocio de ambos sexos que suplantará y regirá la nueva religión mundial en su período de 110 años de consumación, mientras que externamente se conservarán las grandes religiones de la historia.

3. Rejuvenecimiento mental que conlleva la dimensionalidad de la renovación de la salud, la energía y la supra consciencia.

Este ciclo de siete años tiene el propósito de emancipar al iniciado de la angustia, el dolor, la ignorancia y la contaminación exterior.

"Por la Devoción a Dios se Alcanza la Gnosis de la Sabiduría".

"Aquellos que lo reconozcan lo verán primero".

"Felicidad equivale a la armonía entre la verdad y la eternidad".

"Actualizar el poder interno"

Angeles y demonios (cuasimodo en la lucha entre el bien y el mal).

Revelación del misterio sacerdotal.

Soy dramatúrgico definido en la obra espiritual como sotánico (misión eclesiástica) y nunca satánico, por el mal que hay en el bajo mundo.

Condiciones excepcionales:

seguridad y satisfacción

sabiduría y soledad

seriedad y serenidad

simpatía y sensatez

satisfacción y secrecía

sublimación suprasensorial

Llenar vacíos con plenitud ya que lo que no perjudica, generalmente beneficia.

Efecto único o múltiple transmutativo visceral.

La persona más pura es la menos desconfiada. No confíes en quien no confía en ti.

Es preferible equivocarse pensando que no pensar en todo.

Aprende que no puedes cambiar a nadie, pero sí su perspectiva y a ti mismo.

El sueño es el mapa del subconsciente.

Quien no entiende bien es porque entiende mal y no se esfuerza en comprender.

Quien busque la razón donde no la hay únicamente hallará el desconcierto.

Las fotos que miras del pasado y evocan lo triste son como comprar un boleto de viaje al auto sabotaje.

El Amor verdadero nunca termina porque el amor falso nunca comienza.

En la catequesis de Ocultura se detallan, en el lenguaje críptico del Misterio Espiritual Revelado, las máximas que por inerrancia facultan al autor para atravesar el sendero onírico y ontológico del Existencialismo Esotérico. Está dirigido tanto al lector ocasional que mirará la forma y la estructura de este sistema ideológico como al iniciado que entiende y asimila "entre líneas" y "entre palabras" el código que se trasluce y discierne para su auténtica interpretación ontológica.

Los precursores del Existencialismo como filosofía fueron primero Soren Kierkegard, Martin Heidegger, Jean Paul Sartre, Albert Camus y la ultérrima oleada que, por su concomitancia con el Ocultismo, he designado como Existencialismo Esotérico. Para ahondar más en lo expuesto, recomiendo leer acerca del existencialismo de carácter gnóstico de Soren Kierkegard y de contexto materialista de Jean Paul Sartre en "El Ser y la Nada", Heidegger y "El Ser y el Tiempo", llegando a Nietzsche y su planteamiento de "la Muerte de Dios" y la corriente teológica que surgiría posteriormente y se derivaría en denominaciones protestantes actuales.

El surrealismo y su contacto con Gurdjieff, el Cuarto Camino y el Ocultismo, puente que anduvieron Dalí, Paul Eluard, Tzara y otros surrealistas, en contraposición con el Ocultismo clásico, histórico y filosófico desde Hermes a Blavatsky y Gurdjieff y la expansión de "El Retorno de los Brujos" de Pawels y Bergier, hasta "La Gnosis de Princeton", el "Desarrollo de la Luz" "Gnosis" de Mouravieff y "Cultos Ocultos" del autor.

ENUNCIADOS

Los que quieran pretender jamás podrán llegar a ser.

Imaginería creativa y espiritualidad tecnológica en el campo de la transcomunicación instrumental.

Átomos-alma-recuerdo-auto recuerdo-memoria

Mental-astral-etéreo-intuición-percepción-moléculas

En el Nivel de la Revelación Rapto, Encumbramiento y Aceleración del Ser

Ideario Errante del Yo, el No-yo y el Tu y yo

Arcano como original ceremonia iniciática de dos efectuada en Tantra = tu y yo = los dos en el sexo original ritualístico del brujo y la hetaira.

El absurdo es la explicación para la mayoría de las dudas de la gente.

Lógica superior equivale a coloquio-soliloquio-interloquio-multiloquio

No te vuelvas atrás ni te acomodes a tus banalidades y tristezas.

Ya lo he dicho: Más cómodo que la comodidad es no necesitar de ella.

No mires al lado posterior volteando sólo tu cabeza en el mundo astral; serías presa de quien estuviere detrás.

No temas mirar con todo tu cuerpo hacia atrás en el mundo astral, ninguna baja entidad te podría agredir.

Vórtex y Centros se abren para la expansión vital autoconsciente.

Conociendo tus propios sentidos internos lograrás saborear la sensación de la naturaleza esencial de tu ser.

Con las papilas desgastadas el sabor de los nutrientes ingeridos y la palpitante acción del despertar de tus gustos internos.

Ahora estás en un punto clave de la escala (norte) de tu vida.

Lo buscado, lo rebuscado, lo hallado, lo encontrado, lo demás, nada; poco importa.

Ya que de la nada, nada sale, del todo, todo sale. La malicia es el nivel más bajo de la inteligencia material.

Esperpento del viento huele a salitre y es seco.

Lo grandioso se esconde en la discreción.

Nadie sabía lo que sabía únicamente. El maestro te dirá: observa el contenido de tus vacíos llenos de ignorancia.

La refulgencia de la flor del viento.

El punto de saturación perceptiva que finalmente nos ayuda a despertar.

Esgrimiendo el disfraz de lo absurdo una vez más pronuncio estos códigos transversales en la conducta:

Mientras yo creía que iba, era El Señor de la Vida el que me llevaba.

Mirar y ver, esperar y aquietar. Así puedes empezar a lograr simplemente "hacer".

Tu lingüismo está sometido al atavismo de tu engendro básico.

Vuelve a los orígenes para que empieces a conocerte y puedas empezar a hacer cambios esenciales.

Cambiar por cambiar es ir al mismo punto una y otra vez.

Coge mi mano, anda conmigo, llegarás a donde yo fui y traerás contigo el cúmulo de lo que tienes escondido.

El artífice del puente (el Pontífice) edifica sobre los cuerpos el hilo de la araña (Ariadna) que transforma la gruta en ermita y el minotauro de la cueva en el espectro del umbral de la Luz.

El Pontífice es el único que puede crear el antakarana. Los otros sueñan, imaginan e intentan. Alguno que otro lo logra pero no lo sabe usar.

La basílica del espíritu se constituye en un remoto pasaje etérico donde van los nibelungos.

Evita el síndrome del envejecimiento compulsivo bipolar.

El Autor en Israel, la Tierra Santa, con Jerusalén al fondo

DOCTOLOGIA

"Para el Iniciado que vislumbra la Ocultura, la reflexión del meditabundo es el medio. Para el Ocultólogo que ha alcanzado la autorrealización, la ecuanimidad es el medio"

Capítulo 3. EXPLICACION DE LA DOCTOLOGIA

El problema más agudo de las religiones convencionales es no plantear una explicación plausible a la mente humana en referencia a:

a) La Existencia del Ser Supremo.

b) El contacto con inteligencias extra-terrestres.

c) Los estados existenciales post-mortem.

Independientemente de los argumentos de la Fe de cualquier doctrina, la creencia se basa fundamentalmente en la aceptación "a priori" de argumentos que no son susceptibles al análisis científico, gnoseológico y experiencial.

En la historia del homo sapiens solamente un sistema de pensamiento ha sido el puente de interacción entre la Religión y la Ciencia, entre lo explorado y lo demostrado. Ese puente ha sido la filosofía hermética, la ideología esotérica y en nuestra época la Doctología, o sea la Arcana Enseñanza Iniciática de Ocultura Universalis, ya que el Ocultismo y la cultura de lo Oculto ha sido y es el método experimental que puede constatar:

1) El conocimiento antropológico que explora la presencia de civilizaciones extraterrestres que han dejado huellas en la superficie de la Historia conocida.

2) La entrada en los estados de conciencia que acceden a los planos existenciales invisibles y por ende al contacto próximo con la Muerte y los llamados "muertos".

3) La explicación de la existencia de "seres-leyes" y entidades de diversa índole que coadyuvan al plan de la Deidad concebida como una supra-conciencia-auto-existente y que lejos de mimetizar las características humanas (Dios antropomórfico) se plantea como un "ente" que pervive y procede de una "eternidad" que le precede y sucede y ha de existir siempre.

Esta "Deidad" sería una inteligencia independiente aunque completamente diferente a nuestras "ideas" acerca de Ser, Inteligencia y Conciencia. El Dios Incognoscible para la mente humana actual pudiera ser y de hecho es comprendido mediante la Cultura de lo Oculto en virtud de la explicitación de los Maestros de las Escuelas del pensamiento esotérico acumulativo en la carrilera del tiempo.

La Doctología lo resume axiomáticamente en el corolario del Ser Inmanifestado que Existe, se proyecta en el Espacio (la primera entidad manifiesta, según "La Doctrina Secreta") y se mueve creando el subproducto existencial del Tiempo.

Metáfora: "El Big Bang no pudo ser escuchado pues no había oídos para oírlo". Esta metáfora refleja líricamente el intento de la Ciencia que imitando a la Religión, propone dogmas espurios tan inverosímiles los unos como los otros.

La Teoría de la Relatividad promulgada por Gustavo LeBon y que Albert Einstein proclamara es otra "vaca sagrada" nada original ya que Kanada en la India de unos 5000 años atrás había sentado las bases de la teoría atómica. Sin prescindir del valor teórico y práctico que indubitablemente tiene la tesis de la Relatividad en sus diversos exponentes, es no obstante una intensa pero parcial explicación que será superada aunque no abolida.

El planteamiento básico de la Doctología se define como la:

Arcana, o sea antigua, original y vinculada a la Raza Kabalística Adan Kadmon.,

Enseñanza, ya que constituye una formulación del conocimiento acumulativo de las Escuelas Esotéricas, Órdenes Mistéricas, Fraternidades Herméticas y Sociedades Secretas.

Iniciática, por su carácter escolástico a manera de incremento de técnicas de desarrollo escalonado para obtener un nivel inusitado para el ser humano ordinario por la aplicación gradual de una tecnología probada en su eficacia a través de los siglos.

Ocultura, porque identifica la Cultura de lo Oculto a lo largo de la Historia y sus diversas expresiones en la Religión, la Magia, el Arte, la Gnoseología, la Ciencia y la Tecnología.

Universal, ya que se puede encontrar en todos los pueblos y lugares del planeta Tierra y de lo que definimos como el cosmos, tanto próximo y local como extremadamente lejano.

El sistema de la Doctología es coherente en su postulado acerca del desarrollo de las facultades que permiten la comprobación de los arcanos del Ocultismo, la Taumaturgia y la Ontología del Existencialismo Esotérico.

Un presupuesto ideológico de la Doctología es "la necesidad crea el órgano en el decursar de la evolución de los animales de todas las especies y en el hombre". Esto concurre con la entelequia que plantea el mismo paradigma a la inversa en la relación dialéctica de la unidad de los contrarios en la naturaleza.

Haciendo una incursión en el plano especulativo y a la vez promisorio de las ciencias naturales se deduce que en los animales mamíferos vertebrados con un sistema neuro cerebral procede la sensibilidad que les permite las emociones y sentimientos, así como la percepción sutil por la observación y captación subjetiva de los mismos tal y como sucede en los humanos.

La asunción del alma, lo que anima a los seres vivientes, o sea animales y hombres, se inserta en la definición del desarrollo del espíritu, la esencia en las diversas gradaciones de pensar y sentir tanto primitiva, como ocurre en los animales, como deliberada, en los entes biológicos hominales.

Es preciso descaracterizar los falsos axiomas de la "vaca sagrada" (léase la ciencia oficial) y abrir el impulso a búsquedas más audaces y profundas caracteriza a la Ocultura.

Resumiendo estos particulares eslabones fenoménicos de la cadena biológica, estamos en condiciones de avalar la concepción esotérica de la evolución de la vida animada y de la forma asumida en el proceso multilateral de la dirección que los Seres Superiores (Arcontes o jerarquías creadoras) imprimen en el esquema y proyecto de todo lo que puebla la vida existente en el mundo exterior.

En el universo físico como vida inmanente todo existe y en el plano invisible de la trascendencia todo proviene de un noumen antes de convertirse en un fenómeno.

El Iniciador de Ocultura es aquel iniciado que es Maestro y que conoce la Cultura de lo Oculto lo suficiente como para enseñarla y para producir la apertura en aquellos buscadores sinceros que desean conocer la realidad insondable del Misterio. Para entrar en el ámbito iniciático, el Iniciador de Ocultura debe haber recibido las iniciaciones que lo preparan para convertirse en un Maestro de la Iniciación. Luego estará en condiciones de ser un Iniciador cuando reciba la Entronización e Instalación por el Iniciador Unico, el Baba Maron Athos.

El Primero de los Iniciadores es aquel al cual se ha llamado el Iniciador Unico, no porque sea uno solo el que puede iniciar, sino porque es el primero entre sus iguales. Tradicionalmente se ha asociado con este personaje al Sanat Kumara, una entidad elevadísima procedente de la cadena del planeta Venus. Posteriormente se señaló la existencia de otro Iniciador Unico y sucesivamente ha habido algunos iniciadores únicos incluyendo a Maron Athos. La conversión de alguien que está en una sincera búsqueda en un auténtico iniciado es un proceso que conlleva primero que todo, tiempo vital, tiempo vivo. Requiere que el buscador esté en una disposición permanente y continua, no simplemente llevado por un entusiasmo esporádico que radique en la curiosidad de lo que no se conoce y que mucho menos se entiende. Tan sólo para aquellos que puedan entender las ciencias ocultas, puede abrirse el camino de la iniciación.

La Cultura de lo Oculto ha sido extendida por todos los sistemas de pensamiento a lo largo de la historia conocida en forma pensante en el planeta Tierra. Procede de otros sistemas solares de otras galaxias nebulosas y de todo el cosmos. Llegó a la Tierra hace millones de años, pero la Ocultura, tal y como se plantea en nuestros días, difiere de la tradicional tesis fundamental del ocultismo (que tuvo su mejor exponente en Hermes Trimegistus), en que no se sigue solamente una catequesis como puede ser aquella exposición de la Tabla de la Esmeralda que Tres Iniciados compusieron y publicaron alrededor del año 1925. Realmente lo que el ocultismo enuncia en nuestros días es una forma pragmática de obtener resultados a través del esfuerzo pero llevada a vías de realización por una metodología mucho más acelerada. Sin embargo, esto no exime al buscador, al sincero estudiante, al discípulo, al iniciado, de todos los requerimientos que tienen que ver en cuanto a su conducta, su compromiso, la elaboración del plan propio a seguir y por encima de todo, el ideal iniciático de la búsqueda de la Verdad, ante todo del Ser Supremo, de Dios, el Padre Todopoderoso. Después, el contacto con aquellos Seres Elevados que existen en diversos niveles del Universo y con los cuales se puede tener comunicación a nivel interno si se busca, si se encuentra y si se puede permanecer en una relación directa con ellos.

En esta etapa en la que nos encontramos existen diversas vías por las cuales las órdenes mistéricas, sociedades secretas, fraternidades herméticas y escuelas esotéricas llevan a cabo su labor con Maestros que tienen la función de enseñar y ayudar a alcanzar una autorrealización en los discípulos. O sea que la Iniciación comienza con una apertura y continúa en un desarrollo inusitado de todas las posibilidades inherentes a todos los seres humanos, pero que sólo van a ser desarrolladas en aquellos que tienen mejores condiciones producto de sus vidas anteriores y del esfuerzo de lo que pudieron haber logrado, de lo que pudieron haber aprendido, de lo que pudieron haber obtenido e incluso de lo que han desechado a lo largo de muchas vidas. La experiencia actual va a resultar en un cúmulo de todas esas posibilidades anteriores, de todas esas expectativas y de todo lo que pudiera quedar por hacer, de todas las frustraciones, de todos los intentos fallidos, pero sobre todo, de un deseo permanente, de un anhelo continuado y firme de alcanzar la liberación de la Rueda del Renacimiento o sea, de integrar el alma y el espíritu con la personalidad. Todo ello significa que la última encarnación en la que se encuentra el discípulo va a ser la definitiva y será también la que marque el hito más importante en toda la carrilera del tiempo de su existencia hacia la liberación.

Si miramos la labor de los grandes iniciadores a lo largo de los tiempos vemos que tradicionalmente el ocultismo ha tenido su apogeo en el antiguo Egipto, en la India, en Tíbet, en Persia y por supuesto que posteriormente en Europa lo tuvo y todavía lo mantiene, y especialmente en los Estados Unidos de América. En Latinoamérica, como en otras partes del mundo, existen escuelas; unas son de una naturaleza más profunda, otras son más superficiales; algunas son realmente integradas dentro del proceso histórico gnoseológico de la Cultura de lo Oculto y otras son simplemente un intento de copiar y reproducir lo que algunos autores a través de sus libros han expuesto acerca del ocultismo. Esoterismo, ocultismo y misterio son dentro de la escala de la vida interior o sea de la vida oculta, diversos niveles perceptivos y cognoscitivos de lo que se puede llegar a lograr, a alcanzar, a realizar pero no deben institucionalizarse o adulterarse con las falacias de pseudo religiones fanáticas. Es conveniente superar las supersticiones como el espiritismo y el animismo en sus corrientes africanas y latinoamericanas.

En este sistema que estoy exponiendo lo más importante es que el discípulo pueda lograr personalmente educir sus facultades internas o sea, que sea capaz de desarrollarse por sí mismo con ayuda del Iniciador. La función del iniciador será siempre abrir, enseñar, mostrar, e indicar el comienzo pero después tiene que dejar que el discípulo, bajo su capacidad de enseñanza, con su guía, pueda por sí mismo alcanzar las metas que se propone. Este proceso no es inmediato. En los primeros tiempos, en los primeros años, el Iniciador debe, puede y tiene que estar cerca del discípulo personalmente, pero hay una etapa en la cual ya el discípulo debe avanzar por sí mismo y ha de realizar una serie de tareas guiadas por el Maestro pero bajo la propia capacidad de acción y responsabilidad del discípulo.

El Breviario del Meditabundo en "El Iniciador de Ocultura" es un intento por parte de aquel que ejerce la maestría sobre las ciencias ocultas de hacer una fórmula para presentar toda la metodología que permite lograr el desarrollo interno, o sea la precipitación de las fuerzas del espíritu y del alma sobre el cuerpo. Es decir a manera de un breviario, una breve exposición como en el caso del breviario para uso de los clérigos en las iglesias católicas, el cual está dividido en cuatro témporas, cuatro épocas del año, y sirve como instrumento de meditación, reflexión y oración. Una catequesis o explicitación de los métodos que se utilizan en la Ocultura, en forma de breviario, de exposición corta, sintética, definida y eminentemente práctica, para que el discípulo logre lo que está procurando alcanzar.

En este sistema de desarrollo interno para la armonización de todos los aspectos de la individualidad utilizamos primero que todo, la tradición de las Escuelas Esotéricas, las Ordenes Místéricas, Fraternidades Herméticas, las Sociedades Secretas y todas las organizaciones iniciatorias de la historia de la humanidad y anteriores a que el ser humano se posara sobre la Tierra. Por consiguiente, esta tradición se origina más allá de nuestro Sistema Solar y de esta galaxia, comienza con los orígenes mismos de todo lo que existe en el Universo y por gradación, lleva a niveles de consciencia parecidos a los que existen en lo que conocemos como el homo sapiens, es decir, el hombre considerado antropológica e históricamente.

Utilizando esta fórmula del Breviario de la Doctología vemos que mientras la Ocultura es la cultura de lo oculto, de todo aquello que ha sido expuesto por todas las fraternidades iniciáticas a lo largo de la historia, la Doctología es un método para acelerar esto, o sea es una manera de enfocar de acuerdo con lo que hemos podido lograr en el siglo XXI todos esos sistemas, métodos que han servido y siguen sirviendo para que se pueda llegar a conocer la infinitud dentro del hombre, la infinitud dentro de su fisiología y su anatomía, encontrar lo permanente que existe dentro de sus vehículos de conciencia. Este sistema hace posible que lo que se ha venido desarrollando para la proyección astral, para la percepción extrasensorial, para la visión de las vidas pasadas, para poder contemplar todo lo que existe en el Universo, se haga mucho más directo, simple y preciso. El sistema de la Doctología permite llegar a la conexión con la Verdad por medio del conocimiento esotérico de esa Verdad.

El autor de este libro ha creado la formulación de la Doctología para que podamos llegar a acelerar todos los procesos cognoscitivos y de desarrollo que expone el ocultismo tradicional. Al decir que es una fórmula que indica la manera de acelerar este proceso, estamos hablando de que el autor quiere que este libro además de ser breviario, incluya en forma velada, los elementos que comportan los sistemas de pensamiento aglutinados en muchas escuelas de desarrollo interno y que por primera vez se revelan como método para el iniciado, es decir, para aquel que ha sido abierto dentro de la Iniciación a los niveles superiores de conciencia translúcida. Utilizando esta exposición sistemática, ha elaborado por tanto, un breviario de consulta. En otras palabras, es la utilización de un recurso que puede en todo momento servir para cada instante, cada problema, cada ejecución de proyecto, para cualquier intento de avance. Esto permite encontrar en esta obra desde invocaciones, evocaciones, oraciones y grimorios, que en la Alta Magia se han usado a lo largo de los siglos para, de forma sistemática y siguiendo el método de la Doctología, estimular el proceso de la Iniciación. Con esto la Iniciación se hace accesible a aquel que entra en el camino del Misterio y al que se le abren insondables abismos a recorrer en la mayoría de las ocasiones por sí mismo, por sí solo. De este modo el Pontífice es realmente el puente por el que transitar para poder hallar la fórmula de respuesta ante las interrogantes de las problemáticas que presenta la vida.

Por la exposición de la Ocultura el iniciado entra en contacto primero de forma teórica y posteriormente a lo largo de las explicaciones que ofrecemos en este manual, de una manera muy práctica, de tal forma que pueda llegar a ponerse en contacto con esos mismos Seres a los cuales llamamos Maestros porque enseñan, o con esas otras Entidades Elevadísimas que tienen otras funciones, o sea, que hablamos del contacto en el mundo astral con el Sanat Kumara, Melquisedeq, el Ashieta Shiemash, con estas Entidades que vienen de más allá de nuestro sistema planetario. Creando ese puente para el contacto con estos Grandes Seres, la labor que pueden realizar por nosotros se amplifica ya que podemos invocarlos y evocarlos. De este modo, los Maestros de Enseñanza Esotérica nos brindan la guía y el cuidado para hacer aquello que nos conviene para nuestro desarrollo mientras que estas Grandes Entidades nos permiten a nosotros avanzar mucho más ampliamente teniendo esta conexión abierta con ellos y con otros Grandes Seres que están más allá de la cadena terrestre.

El Cónclave Iniciático Universal nos recuerda que una organización como la Fraternidad de Maestros no es más que eso, una organización de Seres que se diferencian de los humanos ordinarios en que no tienen que reencarnar, en que tienen un mayor conocimiento y han desarrollado habilidades y poderes superiores, pero eso no significa que hayan podido llegar a determinar a su vez acontecimientos, o sea que pudiera haber una alta eficiencia, una autodeterminación dentro de los cauces de lo que ocurre dentro de nuestro sistema planetario. Esto puede ser motivo de confusión pues se complejifica aún más cuando entendemos que la Gran Fraternidad Blanca no estuvo siempre de acuerdo en cuanto a determinado rumbo que debía de tomar como una organización asociada de seres sobrehumanos que han alcanzado más nivel de Conocimiento y de Poder, y que han dejado de estar sometidos a las 96 leyes que rigen el planeta Tierra. En otras palabras, los cuerpos que ellos utilizan para su desenvolvimiento no son cuerpos celulares como los que usamos nosotros, o sea no siguen un sistema de combustión metabólica como en los seres humanos que tienen una anatomía semejante, una fisiología muy parecida y que por supuesto estamos en todo momento regidos por las leyes de una manera total y absoluta. Sin embargo, ellos no están regidos totalmente por las 96 leyes o sea, pueden salirse de ellas pero no de su esfera de acción cuando están dentro de la órbita y del enclave del planeta Tierra o de otro planeta, en que estén moviéndose bajo las circunscripciones, como en el caso de Júpiter, de Venus o de Plutón que tienen algunas leyes diferentes que inciden y obran sobre Ellos.

Catequesis de Ocultura

Fundamentos exponenciales en breve síntesis ideológica.

"Para el sabio que vislumbra el yoga la meditación es el medio. Para el sabio asentado en el yoga la serenidad es el medio". Yogas Sutras de Patanjali.

"Los seres místicos y geniales que te amparan irán siempre delante y tras de ti". Ideario que equivale a la absorción de la "cantidad de Ser"

Meditar es aprender a pensar, reflexionar y discernir.

El ideograma exaltado del Secreto Iniciático interactúa con los "yoes de la calidad del Ser".

La simbología parabólica y paradigmática da su testimonio y su promulgación en la Doctología, la Arcana Enseñanza Iniciática de Ocultura Universalis.

Los métodos oscuros y difíciles de entender por el profano en esta Ciencia Mística se asumen en la producción de energías y sustancias emitidas por el Iniciador con el propósito de despertar y desarrollar las aptitudes consecuentes con el desciframiento de los sellos que velan en las palabras las claves para la consecución del poder y del conocimiento de todos los seres y mundos.

Ser-Tiempo-Espacio equivale a existencia condicionada. La Cultura Oculta permite y exalta las facultades cognitivas que la sustentan y superan.

Al que tiene el deber de fungir como Maestro en una de las concomitantes de su desempeño se le puede catalogar como de Iniciador.

La Iniciación requiere necesariamente del Iniciador. La acción primaria sería motivar en el iniciado la producción de estados vibratorios que le aseguren el jiva (la monada activada) en el Tetartacosmos, o sea la autoconsciencia astral y mental a nivel planetario y solar.

Básicamente, el desecho residual de las experiencias aberrantes será eliminado para dar paso a las energías que subyacen en los vehículos de la personalidad y así interactuar con los seres que en formas diversas habitan y actúan en los planos invisibles.

Por el develamiento del poema que encubre el Misterio, la meditación del meditabundo deviene en Iluminación.

Fundamentalmente los Vitatrones y Vitris de los niveles existenciales ordinarios serían removidos de los estratos de los cuerpos celular y etérico para que se produzca la permeabilidad del sustrato de la experiencia sensorial supra física y emocional.

Axiomáticamente, los vestigios impiden que se prolongue la vitalidad del Augoides.

El Iniciador utiliza su portento para ejercer con el Cetro del Poder las acciones vigorizantes de la enervada personalidad, dando ocasión al encuentro con las presencias invisibles.

En el ceremonial teúrgico de la imposición del Cetro del Poder se agilizan, inflaman y volatilizan los aspectos que escalonada y subsecuentemente han impedido por siglos la cognición que llevará inexorablemente a la Paz y en consecuencia, a su armonización de todos los aspectos del ser real. La razón que establece y sustenta el secreto es la necesidad de impedir que se apoderen de la Gnosis y el Poder los seres sensientes de la evolución inferior. Los que traspasan el umbral de la Cámara de acceso al poder de la Alta Magia son investidos por el Maestro de la peculiar fuerza del Induva en el Arcano, de la procuración de la emblemática saturación del órgano kundartiguador (que detiene el flujo y reflujo de Kundalini) que se transmuta por el ascenso a la vértebra 33 en el colosal portento del nuevo implante del órgano Mitrión.

"El Maestro con su palabra y acción prueba últimamente al discípulo. El Iniciador se halla obligado por su código de ética Mistérico y a tenor de este postulado deberá obrar en consecuencia."

El Autor en el Templo del Sol en Macchu Picchu, Perú

"La Divinidad premia con el éxito a los que le sirven con devoción"

Capítulo 4. NOMENCLATURA CABALISTICA DE LA DIVINIDAD

El Poder del Verbo – Los 72 Nombres de Dios

En hebreo antiguo se atribuía un simbolismo a los nombres, es decir, el nombre y la esencia de las cosas formaban una unicidad.

La Cábala hebrea da una preeminencia primordial al Verbo, la Palabra, como manifestación del Poder Divino. La idea de los 72 Nombres de Dios parte de las 4 letras del Tetragrammaton (letras Yud, Hei, Vav, Hei que en nuestro alfabeto son YHVH – que se identifica con Yahve or Jehovah en las traducciones de la Biblia), es decir, del Nombre Sagrado por excelencia, a las cuales asigna valores numéricos cuyo total equivale a 26 y la suma de las cifras asociadas a las uniones de dos, tres y las cuatro letras es 72.

La cifra 72 aparece en diferentes ocasiones en el Zohar. Una de ellas es en la descripción de la escala de Jacob (el sueño de Jacob). Esta escala o escalera tenía 72 escalones y llegaba hasta el Cielo. Por ella descendían las influencias celestiales sobre la Tierra y ascendían los hombres para conocer a Dios. También son 72 los ángeles que rodean el Trono de Dios.

El número 72 representa dos aspectos diferentes. En primer lugar, es la lista de los Nombres sagrados con que se ha designado a la Divinidad en el contexto del pueblo hebreo. De esto trataremos en profundidad más adelante en este mismo capítulo.

Por otro parte, también se designa como los 72 Nombres de Dios a sus atributos o bendiciones. Cada atributo se identifica con una combinación de tres letras hebreas que se toman de los versículos 19, 20 y 21 del capítulo 14 del Libro del Exodo donde se narra el paso del Mar Rojo por el pueblo hebreo guiado por Moisés en su huída de Egipto hacia la tierra de promisión. Son 72 el número de letras de cada uno de los tres versículos mencionados. Seleccionando una letra de cada versículo se crean 72 grupos de tres letras que se designan como los Nombres o cualidades Divinas. Cada uno de estos grupos se identifica con un atributo o bendición. En definitiva, la Geometría Sagrada rige el Cosmos y cada número es una emanación de la Infinita Luz de la Divinidad, de su multiplicidad de aspectos, manifestados en las tres letras y su conexión con las fuerzas angelicales. La meditación sobre estas combinaciones de letras y su aplicación a la vida actúan como un poderoso instrumento espiritual dirigido antes que todo a la purificación, que genera la eliminación del sufrimiento, y culmina en la Iluminación tanto de la vida humana como del Universo. De este modo, cada letra sagrada es un manantial de Energía Divina y cada unión de tres letras sagradas es una clave de Poder, Amor incondicional y Luz que penetra la profundidad del alma cambiándola desde su interior.

Pero la Cábala hebrea, mistérica por naturaleza, va más allá. Los cabalistas hebreos reconocían que el número de los Nombres de Dios no es 72 sino 73, siendo uno de ellos desconocido. El Tetragrammaton era el Nombre por excelencia, el Nombre Divino más sagrado e impronunciable (sólo el Sumo Sacerdote podía pronunciarlo una vez al año en el Sancta Sanctorum ya que únicamente el Sumo Sacerdote sabía este secreto Nombre que incluye todos los 72 restantes nombres divinos, los cuales individualmente eran las manifestaciones de aspectos del Logos del Universo). El conocimiento de este Nombre secreto era pues la últerrima clave del Poder. Este es el origen de La Palabra Perdida en las tradiciones iniciáticas.

Hagamos un inciso para mencionar que en diferentes culturas y tradiciones religiosas de la antigüedad hallamos el mismo concepto de un nombre secreto e innombrable de la Divinidad que se transmitía sólo a los Iniciados a través de la Iniciación manteniéndose velado y oculto al resto de los mortales. Ejemplo de ello son los Antiguos Misterios de Eleusis y Samotracia, así como las bacanales romanas, donde en el éxtasis de sus libaciones, las danzarinas llegaban a gritar delirando un nombre muy similar al de YHVH.

LOS 72 NOMBRES DE LA DIVINIDAD

La fuerza mágica de muchos de estos Nombres pasó de la Cábala hebrea a los grimorios medievales para invocar el auxilio del Poder Divino.

1) ABBA "Padre". Esta palabra aramea que también podría traducirse como "Papá", fue usada por Jesús en diferentes ocasiones al dirigirse al Padre Celestial, según relatan los Evangelios. Existe otra palabra de significado similar que es "Abwoon".

2) ADAR "El Magnífico". Este era el nombre dado en el Urín y el Tumín a la piedra de esmeralda.

3) ADON OLAM "Señor del Universo" del que hablan los Salmos.

4) ADONAY "Mi Señor". Se utiliza en combinaciones que dan lugar a las tres poderosas expresiones subsiguientes:

5) ADONAY ECHAD "El Señor es Uno". Este es el primer mandamiento de la Ley de Moisés.

6) ADONAY MELEK "Señor Rey Soberano".

7) ADONAY 'TSEBAYOTH (Hebreo) "Señor de los Ejércitos del Cielo".

8) AGLA (Atoh Gebor Leoahm Adonay) "Eres para siempre Poderoso, Oh Señor".

9) AIN SOPH "El Infinito o Ilimitado."

10) AL-ILAH. Palabra aramea que significa "Dios" y que se usa en conjunción con otras designaciones tales como:

11) AL-ILAH RAPHA "Dios de Sanación."

12) AL-ILAH SABTAI "Dios del Descanso."

13) AL-ILAH SHEMAYA "Dios Escucha."

14) AMUD HAESH "Columna de Fuego"

15) ARIK ANPIN "El de Largo Rostro o La Infinita Paciencia"

16) ATTIQ YOMIN "Anciano de Días." Esta misteriosa expresión se usa el Libro de Daniel 7:9, 13, 22 refiriéndose a "El que está sentado sobre el Trono".

17) AVINU MALKEINU "Oh, Padre, Nuestro Rey." Este es el nombre de la oración del Padre Nuestro hebreo que se

recita desde las festividades judías de Rosh Hashanah a Yom Kippur.

18) AYIN "Ojo"

19) BE-MIDBAR "En el Desierto".

20) BERESHITH BARA "En el principio." Hace referencia al comienzo de la Creación.

21) B'NAI ELOHIM "Los Hijos de Dios." El Libro de Job utiliza esta expresión.

22) CHOKMAH "Sabiduría Divina" o aspecto femenino de la Divinidad.

23) EHYEH AHSHER EHYEH "Yo soy el que soy". La respuesta dada a Moisés al preguntar el nombre de la Divinidad en el Libro del Éxodo. También se designa como HETEH AHSHER EHYEH.

24) EL "Fuerte" o "Dios". De esta palabra proceden los siguientes Nombres:

25) EL BRIT "El Pacto Divino"

26) EL CHAI (EL HAI) "Dios Viviente."

27) EL ELOHE ISRAEL "Dios, El Dios de Israel."

28) EL ELYON "El Dios Más Alto."

29) EL GIBBOR "Dios de la Fuerza".

30) EL RACHMAN "Dios Misericordioso" o "Dios de Compasión."

31) EL ROI (Hebreo). "Dios de la visión."

32) EL SALI (Hebreo). "Dios de Mi Roca."

33) EL SHADDAI "El Señor Dios Todopoderoso". El Angel del Señor que se apareció a Abraham.

34) ELOHA "Dios Fuerte"

35) ELOHA SHAMAYYIM "El Dios de los Cielos".

36) ELOHIM "Los Dioses". Pluralidad de aspectos de la Divinidad.

37) ELOHIM TSEBAYOTH. "Dios como las Huestes del Cielo."

38) ELY (ELI) "Mi Dios" o "El que asciende".

39) ESH OLAM "La Llama que arde eternamente".

40) GOMEL "Retribuyente" o "el Dador de Justicia".

41) GEDULAH "Magnitud".

42) HA-EL HA GADOL "El Dios es Grande."

43) HA-EL HA'KADOSH "El Dios Santo."

44) HA EMET "La Verdad."

45) HA GO'EL "El Redentor."

46) HA SHEM "El Nombre Oculto, el Innombrable."

47) HA TIKVA "La Esperanza".

48) HAYMANOOTHA "Firmeza, Lealtad."

49) IAHO "Dios".
50) ISCHTOV "Bueno".
51) JESHURUN "El Justo."
52) KARSEB ELYON "Lo Más Alto" o "El Altísimo".
53) KETHER KADMON "La Corona". La primera sefirot que se identifica con La Mente Divina.
54) KISSEI KAVOD "El Trono de Gloria".
55) KODOISH "Santo". La triple Kedushah de la Divinidad: KODOISH, KODOISH, KODOISH ADONAI 'TSEBAYOTH "Santo, Santo, Santo es el Señor Dios de los Ejércitos".
56) MARIAH "Señor Dios." Procede del arameo Mara (Mar) que significa Señor o Maestro.
57) MAYIM HAYIM (Hebreo). "Aguas Vivas". La Energía creativa, la Fuente de la Vida.
58) MELEK "Rey".
59) MESHIAH o MSHECHA "Mesías", "el Ungido".
60) OSE SHALOM \ "El Que Hace la Paz".
61) ROKEB BA-ARABOT "El que camina sobre las esferas superiores".
62) RUACH HA KOIDESH "El Espíritu Santo".
63) SABAOTH HA MALKA "La Reina del Sabbath." Aspecto femenino de la Divinidad.
64) SAR SHALOM "El Príncipe de la Paz".
65) SHEKINAH. "La Presencia Divina".
66) SHEM HAMEFORASH "Nombre Divino Inefable." El impronunciable Nombre de la Divinidad que no se explica en palabras y que solo se puede designar con las cuatro consonantes que forman el Tetragrammaton.
67) VAY-YIK-RA "EL Llamado".
68) YAHWEH o YAHVE. "El Nombre Divino Revelado."
69) YAHWEH ELOHIM "Dios Creador" o "Señor Dios."
70) YIGDAL ELOHIM CHAI. "Exaltado sea el Dios Viviente."
71) YOTZER HA'ADAM. "El Creador de Adán."
72) YOTZER MEOROT (Hebreo). "El Creador de los Luminares."

LOS 72 ATRIBUTOS DE DIOS

1. Viaje en el tiempo (Borrar el dolor del mal causado, transmutando el pasado).
   VAV HEI VAV
2. Recobrar la chispa de la Luz espiritual
   YUD LAMED YUD
3. Haciendo milagros (El Poder que obra milagros se encierra en estas tres letras pero solo el Conocimiento y la Sabiduría liberan ese Poder).
   SAMEJ TET YUD
4. Eliminar el pensamiento negativo (Desconectarse de la negatividad, de lo pernicioso para que penetre la Luz).
   AIN LAMED MEM
5. Curación (Poder de curar que requiere del inegoísmo y la aceptación de la responsabilidad personal).
   MEM HEI SHIN
6. Soñar (El acceso a otra dimensión a través de los sueños).
   LAMED LAMED HEI
7. La Clave del Origen del alma (Por el Poder del Aleph, primera letra del alfabeto hebreo, el Orden vence al Caos).
   ALEF CAF ALEF
8. Desactivar la energía negativa (Limpiar toda negatividad del aura impregnándose de energía positiva).
   CAF HEI TAV
9. Influencias angelicales
   HEI ZAIN YUD
10. Protección contra el mal de ojo (El mal sale por la mirada como manifestación de la envidia, el rencor y el deseo destructivo. El Poder Protector de estas tres letras aleja al destructor interno y externo).
    ALEF LAMED DALET
11. Disipar el mal (El Poder de limpiar el mal de cualquier lugar es la Fuerza de la Luz de este Nombre).
    LAMED ALEF VAV
12. Amor incondicional (El amor destruye el odio. Inundando de amor nuestro ser, emulamos el Amor de nuestro Creador).
    HEI HEI AIN
13. El cielo en la Tierra (Cada transformación individual se suma hacia el cambio global de la Humanidad, con el objetivo de crear el cielo en la Tierra).
    YUD ZAIN LAMED

14. Olvido de las armas (La Luz de este Nombre es Paz y Armonía entre los pueblos y naciones)
MEM BET HEI
15. Visión nítida de la realidad (Este Nombre tiene el Poder de la Intuición, de la percepción espiritual sin los bloqueos del intelecto o las emociones, de la visión del futuro).
HEI RESH YUD
16. Despojarse de la depresión (La Fuerza para levantarse tras las caída, transformando la oscuridad de la depresión en Luz).
HEI KUF MEM
17. Huir del Yo (Vencer la esclavitud del falso Yo, del ego engañoso, del egoísmo y las apariencias).
LAMED ALEF VAV
18. Fertilidad (La bendición de la Abundancia, la Fertilidad tanto en el mundo de las ideas como en lo material).
CAF LAMED YUD
19. Conexión con la Divinidad (La Luz Divina lo llena Todo, está en todas partes. Por este Nombre nos abrimos a Ella fluyendo en nosotros, entregándonos al manantial de Vida y Bendición que viene Dios).
LAMED VAV VAV
20. Victoria sobre las adicciones (Por el Poder de este Nombre, el alma logra la victoria liberándonos de la esclavitud, de la prisión que nuestros deseos y las bajas necesidades de la materia ejercen sobre nuestra vida).
PEI HEI LAMED
21. Exterminar las plagas (Este Nombre es la Fuerza que elimina toda contaminación mental y emocional).
NUN LAMED JAF
22. Detener la atracción de lo maligno (Invocamos este Nombre para espantar el mal).
YUD YUD YUD
23. Compartir la Luminosidad (El Poder de la Iluminación significa compartir la Sabiduría derramando su Luz en el mundo).
MEM LAMED HEI
24. Celos (La envidia y los celos sumen el mundo en la oscuridad y abren la puerta a la penetración del mal. Por la Fuerza de este nombre, se atrae la energía de las esferas superiores que actúan como escudo impidiendo que celos y envidia se posesionen de nuestra alma y de nuestra mente).
JET HEI VAV

25. Decir la Verdad (Por este Nombre vencemos el miedo a decir lo que pensamos, a ser sinceros y honestos con nosotros mismos y con los demás).
NUM TAF HEI

26. Restablecer el Orden (El Orden se halla oculto en el Caos. Por este Nombre se restauran el Orden y la Armonía).
HEI ALEF ALEF

27. Socio silencioso (Prosperidad, Felicidad y Bienestar dependerán de aquello con lo que nos asociemos: Oscuridad o Iluminación. Si la Luz se convierte en nuestro socio silencioso atraeremos el Bien en todos los aspectos de nuestra vida y de lo que nos rodea).
YUD RESH TAF

28. Alma gemela (El Poder de este Nombre pone en actividad a la otra mitad del alma, al alma gemela, acercándola ya sea en lo amoroso, la amistad, los negocios o cualquier otro aspecto de la vida).
SHIN ALEF HEI

29. Desterrar el odio (El odio acumulado en los corazones es la causa de la destrucción y problemas el mundo. Limpiemos nuestro corazón de todo vestigio de sentimiento negativo).
RESH YUD YUD

30. Construir puentes (El puente hacia la Divinidad se ha de construir corrigiendo primero los errores en las relaciones de nuestras vidas. Purificar el alma, dando cabida al perdón, a la compasión, buscando lo que une, no lo que separa).
ALEF VAV MEM

31. Concluir lo comenzado (Vencer obstáculos, completar las tareas y propósitos en el camino espiritual así como en lo material utilizando la Fuerza que subyace en nuestro interior, fortalecidos por este Nombre).
LAMED CAF BET

32. Recuerdo (Tiene dos funciones simultáneas: Incrementar la memoria y borrar el dolor causado por los recuerdos negativos, sin olvidar la enseñanza aprendida del hecho negativo a fin de no repetir los errores).
VAV SHIN RESH

33. Iluminación de lo oscuro (El Poder de la Luz Divina hace desaparecer la oscuridad, los aspectos negativos).
YUD JET VAV

34. Olvido del Ego (El Ego es el enemigo interior que sabotea nuestros esfuerzos por alcanzar la meta en el camino espiritual y material. Nos auto engaña y nos obliga a

agarramos a ideas equivocadas. La Fuerza de este Nombre nos ayuda a ponernos por encima del Ego para que el Ser Real siga su camino hacia la Vida Superior).
LAMED HEI JET

35. Energía sexual (La sexualidad como acto espiritual sagrado en misticismo erótico es vía de ascenso a lo Superior trascendiendo la naturaleza física en unión común de espíritus, almas y cuerpos). En otras culturas de Religiones más antiguas se les designa como Arcano, Tantra, Latihan o Induva.
CAF VAV KUF

36. Sin miedo (Erradicar los miedos que nos paralizan e impiden vivir a plenitud. Tener el valor de borrar nuestros más recónditos temores, los cuales no son sino una falacia, un engaño y una excusa para la inercia y la inacción y en última instancia para justificar el fracaso en la realización de toda potencialidad de nuestro Ser).
MEM NUM DALET

37. El cuadro completo (Visión profunda del conjunto de la realidad y de nuestra vida. Aprendemos a entender las consecuencias y causas de nuestros actos).
ALEF NUM YUD

38. Sistema de circuitos (Cuando se da con generosidad y desinteresadamente, se recibe porque se crean circuitos donde la Gracia fluye en todas direcciones. Compartir lo que recibimos es una forma de dar gracias a la Vida y al Creador).
JET AIN MEM

39. Transformación del carbón en diamante (La Luz de este Nombre transmuta los problemas y dificultades en oportunidades y bendiciones. Somos capaces de sacar el diamante de un simple carbón y de ver la riqueza interior que poseemos).
RESH HEI AIN

40. Decir lo correcto (Dejar que la Luz hable por nosotros. Acallar el Ego).
YUD YUD ZAIN

41. Autoestima (Las Almas poseen la Chispa Divina que solo se activa por esfuerzos conscientes de crecimiento espiritual. Este Nombre nos da el Poder para conectar directamente con la Energía Divina en nuestro interior, que actúa sólo en la medida de nuestro crecimiento y desarrollo interior)
HEI HEI HEI

42. Revelar lo oculto (La Verdad se halla escondida antes de ser encontrada y revelada. Este Nombre se relaciona con el valor de percibir la Verdad y aceptarla abriéndonos a su Luz para que se proyecte y manifieste en nuestras vidas transformándonos).
MEM YUD CAF
43. Dominio de la materia (Este Nombre es el Poder de la Mente superior sobre la materia, no olvidando ni rechazando el mundo material, sino suprimiendo el control de la materia y lo físico sobre nuestro Yo).
VAV VAV LAMED
44. Suavizar los juicios (Establecer juicios de valor sobre los demás afecta tanto nuestro destino o Karma como el de otras personas. Suavizar los juicios evita que la negatividad revierta sobre nosotros con su efecto destructivo).
YUD LAMED HEI
45. El poder de la prosperidad (La Divinidad es la clave de todo bien y de toda prosperidad. La Fuerza de este Nombre atrae la prosperidad y nos da la humildad para reconocer que nuestra bienaventuranza es el fruto de Su Luz).
SAMEJ ALEF LAMED
46. Certidumbre total (El Poder de este Nombre nos da certeza absoluta en la Divinidad en quien depositamos nuestro presente y futuro con fe y confianza. Arranca la duda y la desconfianza de nuestro corazón).
AIN RESH YUD
47. Transformando el mundo (Invocamos este Nombre para transformarnos internamente, pues solamente por el cambio espiritual de cada individuo se llega a la transformación mundial).
AIN SHIN LAMED
48. Unidad
MEM YUD HEI (La unidad genera armonía y felicidad siendo posible desde los opuestos por la práctica de la tolerancia y el respeto).
49. Felicidad
VAV HEI VAV
50. Bastante no es suficiente (Nunca conformarse con menos que con todo en el plano espiritual, la Felicidad en lo Eterno es la meta).
DALET NUM YUD

51. Sin culpa (El Poder redentor y reparador del arrepentimiento corrige lo negativo y oscuro de nuestro pasado y transmuta nuestra naturaleza).
HEI JET SHIN

52. Pasión (La Fuerza de la plegaria sincera ha de ser como llama ardiente que brota del corazón).
AIN MEM MEM

53. Amor sincero (Entregar amor sin condiciones, dar y darse con alegría, sin esperar recibir nada a cambio es un imán que atrae la Felicidad a nuestras vidas).
NUM NUM ALEF

54. La muerte de la muerte (Todo lo que se termina porque fracasa, es una expresión de muerte. La Energía de Vida de este Nombre debilita al Angel de la Muerte, el causante de toda muerte y toda cesación).
NUM YUD TAF

55. Del pensamiento a la acción (Invocando el Poder de este Nombre, abrimos el canal entre el mundo superior y el inferior para materializar los pensamientos, pasando del mundo de las ideas al mundo físico material haciendo realidad nuestros objetivos).
MEM BET HEI

56. Disipar la ira (Alimentamos nuestra naturaleza inferior cuando nos dejamos llevar por la ira. Nuestra elevación espiritual exige no entregarnos al enojo y la ira llenando nuestro corazón de Paz).
PEI VAV YUD

57. Escuchar a tu alma (Los falsos Yoes interfieren con nuestro camino espiritual dirigiendo nuestras vidas hacia objetivos equivocados. En el silencio interior donde solo resuene el clamor del alma, hallamos la Luz que nos guía).
NUM MEM MEM

58. Dejar ir el pasado (Dolores y situaciones traumáticas del pasado nos sirven de asidero, nos identificamos con ellos. Con el Poder de este Nombre, soltamos las amarras del pasado, del sufrimiento y quedamos libres para entrar en la vía de la verdadera Felicidad).
YUD YUD LAMED

59. Cordón de Vida (Por la Fuerza de este Nombre se establece una línea de conexión similar al cordón umbilical que nos une a la Energía Divina apartando la tristeza, el enfado o cualquier otro aspecto de oscuridad y negatividad).
HEI RESH JET

60. Libertad (Muchas son las pruebas y dificultades del que se adentra y avanza en el Camino Espiritual pues la naturaleza inferior tira hacia la materia y la densificación tratando de evitar esa elevación espiritual. La Libertad a que este Nombre hace referencia significa liberarse de las ataduras del Yo inferior por la vía de la auto observación y el conocimiento de uno mismo).
MEM ZADIK RESH

61. Purificación del Agua (Este Nombre encierra el Poder para la purificación del agua que limpia el cuerpo por fuera y por dentro, dado que actúa como un medio para despojar de toda contaminación negativa a nivel inmaterial).
VAV MEM BET

62. Padres educadores (Los padres han de ser como velas encendidas cuya luminosidad alumbre el camino de sus hijos).
YUD HEI HEI

63. Agradecimiento (La inagotable fuente de la Vida derrama sus dones sobre nosotros pero no somos capaces de reconocerlos ni de agradecerlos. Tan solo postrándonos con agradecimiento humilde surgirá en nuestros corazones a través de este Nombre, el deseo sincero que nos capacitará para recibir la Iluminación).
AIN NUM VAV

64. Proyectarse bajo una buena luz (Mostrar nuestro lado bueno, irradiar positividad y luz atraerá los buenos pensamientos y buenos deseos de los demás alejando el mal).
MEM JET YUD

65. Temor de Dios (Comprensión de las consecuencias y relaciones de causa – efecto evitando causar daño para evitar que el mal causado revierta en nosotros).
DALET MEM BET

66. Responsabilidad (Entendemos y aceptamos que nuestras malas acciones del pasado generaron las situaciones difíciles que hemos confrontado en la vida. Con la Energía de este Nombre cambiamos el rumbo de nuestro destino evitando hacer el mal y venciendo la auto compasión y el deseo de venganza).
MEM NUM KUF

67. Grandes expectativas (No buscamos más la retribución inmediata a nuestros esfuerzos espirituales. Al no crear grandes expectativas evitamos la frustración, el desánimo y

la desesperanza con la ayuda del Poder de este Nombre. Así somos seres auto determinados, libres de las cadenas del egoísmo, la soberbia y la auto complacencia). ALEF YUD AIN

68. Elevar a las almas que partieron (Este Nombre envuelve en Su Luz los espíritus de los seres que ya partieron de este mundo físico para su ascenso a los niveles superiores). JET BET VAV

69. Reencontrar el rumbo perdido (Cuando nos sentimos desorientados, el Poder de este Nombre nos hace apartarnos de lo que dispersa nuestras energías en esfuerzos inútiles y nos orienta nuevamente hacia el recto Camino del Espíritu). RESH ALEF HEI

70. Identificar el Orden Divino en medio del caos (Recuperamos la serenidad y la confianza en nosotros mismos encontrando nuestro propósito a través de este Nombre que nos permite vislumbrar el Plan Divino y sus Leyes obrando en medio de la confusión creada por aparentes vaivenes de la vida). YUD BET MEM

71. Profecía (Este Nombre hace referencia al don de la Profecía como capacidad de visualizar los potenciales futuros que coexisten en universos paralelos, los cuales se multiplican y ramifican en virtud de las elecciones y decisiones tomadas. Para el que se eleva espiritualmente, los mundos oscuros se cierran en la medida en que sus decisiones le llevan por la vía de la Espiritualidad mientras que progresivamente se abre a mundos de Luz, Felicidad e Inmortalidad). HEI YUD YUD

72. Purificación espiritual (Los errores en vidas anteriores, el mal causado a otros o a uno mismo, crean un mal Karma que exige una purificación para poder ascender en el Camino de la Espiritualidad. La mayoría de los seres humanos se purifican a través del dolor de pérdidas físicas o emocionales, por enfermedades, rupturas y daños materiales o sentimentales. La fuerza de este Nombre junto a las acciones positivas, ayuda a purificarse para enmendar el daño causado previamente sin necesidad de pasar por el dolor. Purificamos el presente, borrando el mal del pasado). MEM VAV MEM

LA TRADICION CABALISTICA DEL CONCEPTO DE LOS 72 NOMBRES DE DIOS

.

Según la Cábala hebrea, el origen de los 72 Nombres de Dios es el libro titulado "Sefer Raziel HaMalach" o 'El Libro del Arcángel Raziel", el preservador de los secretos y misterios, representante del Mundo de la Sabiduría que abarca los misterios espirituales así como los materiales, los secretos del Universo y de la Naturaleza.

El nombre Raziel significa en hebreo "Secreto de Dios" y se le considera el jefe de los Ofanims o ruedas en hebreo, lo cual hace referencia a la segunda categoría angelical hebrea, las ruedas de Luz con ojos descritas por el Profeta Ezequiel, que estaban en constante giro y que movían el carro de fuego que transportaba a la Divinidad. Dios habría entregado al Arcángel Raziel dos libros titulados el primero "Sefer Raziel Hamalach" que Raziell dio a Adán, y el segundo, la "Torah" o Ley de Dios que Raziel entregó a Moisés en el Sinaí y constituye lo que conocemos como Pentateuco, los cinco libros primeros del Antiguo Testamento.

Para añadir aún más hermetismo al Arcángel Raziel, en ciertas tradiciones cabalistas se afirma que estaba cerca del Trono de Dios y su nombre era Jeremiel ("Misericordia de Dios") cuando estaba encargado de las almas en espera de la resurrección. Por sus méritos, fue elevado a la dignidad de Arcángel y su nombre fue a partir de entonces Raziel. Cuando Adán y Eva comieron de la fruta del Arbol del Conocimiento del Bien y del Mal y por su pecado fueron arrojados del Paraíso, el Arcángel Raziel les dio el "Sefer Raziel Hamalach" a fin de que reencontraran la vía para retornar a Dios por medio del conocimiento de Dios. Entonces los ángeles que estaban dirigidos por Raziel, considerando que él había desobedecido a Dios, tomaron el libro "Sefer Raziel Hamalach" y lo hundieron en el abismo de las aguas del mar. El demonio de las profundidades llamado Rahab, sacó luego el libro de las aguas y lo entregó de nuevo a la primera pareja Adán y Eva que simbolizaron la primera humanidad Adam Kadmon en la visión cabalística.

Otras versiones afirman que Dios no sancionó al Arcángel Raziel por lo que había hecho y que fue el propio Dios quien recuperó el Libro de las aguas marinas retornándoselo a Adán y Eva, de quien luego lo recibió Enoc (que posteriormente se convertiría en el Arcángel Metatrón). Dios caminó con él y cuando ya era de avanzada edad, como narra el relato bíblico de forma absolutamente mistérica, "Enoc no fue hallado porque se lo llevó Dios". La tradición dice que Enoc habría añadido ciertos textos al "Sefer Raziel Hamalach" y lo habría entregado al Arcángel Rafael que lo trajo de nuevo a la Tierra dándoselo a Noé (nieto de Enoc) el cual aprendió de este libro para construir el Arca, siguiendo las instrucciones dadas por Dios. Por último, los Cabalistas dicen que el "Sefer Raziel Hamalach" terminó en manos del rey Salomón, que de este modo obtuvo el Conocimiento y la Sabiduría que tanto anhelaba.

Existen algunas versiones en hebreo y arameo del "Sefer Raziel Hamalach" que desapareció y reapareció en diferentes lugares y tiempos históricos a lo largo de los siglos. En el medievo, este libro fue traducido al latín por encargo directo del Rey de Castilla y León Alfonso X el Sabio, bajo el título "Liber Razielis Archangeli" que es lo que conocemos como "Libro del Arcángel Raziel". Se dice que una versión original se encontraría oculta en la Biblioteca secreta del Vaticano a fin de evitar que pueda ser conocido en su totalidad por la humanidad.

Se hicieron diferentes versiones de algunas porciones de este libro, siendo la más conocida "La Clavícula de Salomón" ya que según la tradición cabalística, el Rey Salomón habría modificado los textos haciéndolos más legibles y facilitando su comprensión para las generaciones venideras. "La Clavícula de Salomón" (siglo XIV aproximadamente) está reconocida como uno de los principales grimorios o libros mágicos de invocaciones y conjuros.

El "Sefer Raziel Hamalach" explica el Universo en detalle, el papel del ser humano sobre la Tierra y las energías y fuerzas que rodean a nuestro planeta en las Esferas Celestiales y como el ser humano puede beneficiarse de esas fuerzas aprendiendo las claves para atravesar las secciones que separan las esferas celestiales hasta alcanzar el Infinito (Sin Límite o Ain Soph, el Todo Supremo Previo a la Manifestación) es decir, el Origen o Fuente de toda la energía y su aplicación en el mundo físico material. También incluye los secretos de la Astrología y de cómo los planetas y estrellas ejercen su influjo sobre la Tierra y sus criaturas y explica el nacimiento y la muerte, el amor, la reencarnación de las almas, la Vida Eterna, la idea de los Angeles Temporales (ángeles sin nombre por ser transitorios y no permanentes y que se asociaban a las aves) y enseña al hombre la vía para mejorar venciendo la naturaleza inferior hasta llegar a la perfección y a la realización de su unión espiritual con Dios.

El Zohar afirma que, inmersa en el "Sefer Raziel Hamalach" o "Libro del Arcángel Raziel", existe una secreta escritura que explica la "mil quinientas claves que no se revelaron ni siquiera a los ángeles". Esta misteriosa escritura secreta es el origen de los 72 Nombres de Dios y sus invocaciones.

Mi testimonio como iniciado de la Escuela Cabalística Eleazar –una de las siete grandes instituciones secretísimas de Israel -, me lleva a sintetizar la definición cabalística en tres niveles. El primero consiste de la Cábala de Predicción y en particular el Tarot, del cual los gitanos devinieron en inconscientes depositarios. El segundo nivel abarca la Cábala Mística que enseña las técnicas de meditación y experimentación. El tercer nivel es la Cábala Oculta que no puede ser escrita y cuyos criptogramas se explican de boca del Maestro al oído del discípulo.

Los hebreos dieron nombre a la Cábala pero esta es muy anterior pues se remonta a los asirio-babilónicos y se encontraba ya entre los atlantes y razas anteriores procedentes de las Estrellas. La Cábala es por ende un conocimiento cósmico. La influencia asirio-babilónica no suele ser mencionada ni reconocida por los cabalistas hebreos pero hay que recordar que, tras la muerte de Salomón en tiempos de su hijo Roboam, tuvo lugar la división de Israel en dos reinos: el reino de Israel al norte que abarcaba diez tribus y el reino de Judá en el sur (las dos tribus restantes, de Judá y Benjamín). El reino de Israel fue invadido por los asirios viviendo en cautiverio, y el reino de Judá fue sojuzgado por los babilonios. La tradición cabalística bebió en las fuentes asirio-babilónicas de las cuales deriva en parte su concepción de lo divino y su cosmogonía, así como la creencia en el poder mágico de los nombres y las letras. A diferencia de las Escrituras Sagradas hebreas, la Cábala fue reservada para los pocos elegidos y conservó siempre un carácter absolutamente críptico, convirtiéndose en el conocimiento oculto de los pocos "elegidos" o "electos". Muchos siglos después surgiría una Orden llamada "Los Elegidos de Cohen" que toma su nombre de esta idea.

*"El mago cuando sabe que no está ganando, con su Poder
cambia las reglas del juego y vence"*

Capítulo 5. SHAMBALLAH, GOBI, ASGARD Y AGARTHA

Como llegué hasta aquí …

La llamada y el Mensaje que recibí de mi Maestro me indicaban el momentum en que la nave "Ocasión" estaría en un plano de acceso que me permitiría entrar en ella y comunicarme con sus tripulantes. Supe del tiempo y lugar. Los Arcontes del Destino hicieron su labor y las condiciones se dieron para realizar el objetivo planeado: Ir a Gobi (Mongolia) y de allí a Shamballah (la "nave") y a Agharta, la "ciudad secreta" que está enclavada en un remoto sitio del desierto al que se llega por el laberinto de túneles que comunica Ulan Bator con Asgard.

Mis "vehículos" de transportación estaban preparados para este viaje lejano e interior que me llevaría a las Estrellas.

Lo que allí y allá me entregaron y produjeron está conmigo y lo pondré a disposición de todos los discípulos e iniciados de la Arcana Enseñanza Iniciática de Ocultura Universalis.

Shamballah es un evento ocurrido en una "nave llamada Ocasión" y que se manifiesta en los valles y montañas, en las veredas y enramadas, donde quiera se pueda posar el espectro de Shamballah y Su Iluminada tripulación.

Los Seres que integran el Cónclave Iniciático Universal del planeta Tierra y que clásicamente han sido definidos como Maestros por el hecho fundamental de ser instructores, son clasificados en los exponentes que enunciamos:

Desde 1988 cuando Gautama Buda fuera instalado como "Señor del Mundo" o sea Iniciador Único, se han producido diversos cambios en la Jerarquía Planetaria de la Tierra dirigida por entidades procedentes de este planeta. Los anteriores regentes de la Jerarquía Planetaria fueron Melquisedeq, procedente de la Estrella Sirio, el Sanat Kumara de origen en la cadena del planeta Venus, el Ashieta Shiemash (o "Vigilante Silencioso") que ha recorrido este sistema procedente de Alfa del Centauro en una función semejante a un Gran Arconte Cósmico.

En una de mis primeras conversaciones en privado con el Baba Maron Athos, a veces con la compañía de un gran personaje, de alguien que está muy cercano a mi corazón, el Maestro Tsushumbe Tombé, le pregunté acerca de la tergiversación y adulteración que ha tenido lugar en el Ocultismo y El me dijo que no quería erigirse en el autócrata de la ciencia oculta, que no quería obrar con autoritarismo, que tenía el propósito de llevar la religión universal a un nivel superior de comunicación y de entendimiento. Y dentro del Ocultismo en particular, El estaba procurando que todas las corrientes auténticas serias y verdaderas de las Escuelas Esotéricas, las Órdenes Mistéricas, las Fraternidades Herméticas y las Sociedades Secretas, se reunieran e intercambiaran criterios, buscaran puntos en los cuales pudieran sustentar determinados conceptos en general de lo que son las doctrinas del esoterismo tradicional y que pudieran unificarse también las enseñanzas acerca de las técnicas de desarrollo, haciendo énfasis muy en particular en que se homologaran las iniciaciones. O sea que las iniciaciones de todas las corrientes del martinismo, de todas las vertientes del Rosacrucismo pudieran junto con las de los Templarios o de la Masonería y otras sociedades secretas, ser intercambiadas y reconocidas las unas por las otras. Esto es parte del proyecto que Maron Athos tiene. Lo estuvo analizando conmigo, lo departió junto a Shombe Tombé, ha sido el objetivo por el que se desarrolló durante los últimos tiempos el proyecto de celebrar un Congreso Mundial de la Ciencia Oculta, o sea, un Congreso de Ocultura Universal, esta Cultura de lo Oculto que subyace más allá de los escritos, los planteamientos, las formulaciones, esencia de la Verdad Suprema incontrovertible que puede ser demostrada a través de técnicas precisas ya que el Ocultismo es el único sistema de pensamiento que ofrece una tecnología, como por ejemplo la de la Escuela Sarmang entre otras escuelas serias, que permite utilizando ejercicios y métodos específicos demostrar, mostrar e indicar sin lugar a ninguna duda todas las exposiciones que se hacen, desde el karma y la reencarnación hasta la evolución de la vida y de la forma.

Las enseñanzas esotéricas tradicionales antiguas y modernas adquieren una nueva explicitación con los conceptos orgánicos en Ocultura y Doctología. La Cultura de lo Oculto o sea, la Ocultura (Arcana Enseñanza Iniciática de Ocultura Universalis) tiene como su principal cometido la integración funcional de los postulados que abarcan desde las Pléyades a la interacción de los planetas Venus y Júpiter con la Tierra y sus civilizaciones, Hiperbórica, Lémur y Atlante, hasta llegar a la antigüedad de la historia conocida y hasta los tiempos modernos en filosofía y artes. Por su parte la Doctología inserta todas las creencias, mancias y taumaturgias en una formulación novedosa y articulada de las tecnologías que propician el desarrollo a través de la ecuación Horas-Trabajo-Conciencia y que llevan al buscador hacia un procesamiento de retroalimentación ingente que acerca la emancipación y los logros en una inminente consecución de resultantes funcionales. La contribución más expedita de estas disciplinas es su adecuación a la creación individualizada de una "cámara" o "Basílica Gnóstica" de sustancia sutil-etérica-astral donde en forma diversa se puede arribar y desde allí, potenciar y proceder a un plano más elevado de conciencia trascendente. Lo cual significa que con la presencia del aliado, ya sea una entidad mental, un arcángel o un Maestro, se puede llegar a la Iniciación en los Mundos de Anti-Materia, constituir la alineación de los centros, cuerpos y principios de la máquina humana en un portento capaz de identificarse a sí mismo con los planos existenciales allende la vida física. El poder individualizado se hace patente y presente y el iniciado conoce entonces el Misterio de una forma totalmente diferente ya que ha sido educado para percibir márgenes insondables para los humanos ordinarios. La integración de los yoes crea el alma inmortal en un Yo fuerte y permanente.

Las condiciones actuales y actuantes de la meditación operan de tal manera que el Iniciado se libere de los mecanismos subconscientes enajenantes y los obstáculos insertados en el transcurso de su evolución.

El autor y el lector tienen delante el Breviario del Meditabundo para llegar a donde fui. El Camino está señalado. Si lo deseas, disponte a recorrerlo. ¡Buena suerte!

SHAMBALLA ES UNA "NAVE" ESPACIAL, NO UN LUGAR TEMPORAL

Evocaciones y memorias resumidas en estas máximas:

Axioma: Shamballah es como un arca en la que se albergarán 144,000 elegidos.

El contacto con la nave biótica desplazada en el plano astral de la sexta dimensión.

La entrevista con los Kumaras auxiliares.

El reencuentro con Sanat Kumara.

La revisión de las promesas de Sanat Gautama y los Mensajes del Bodisatva Maitreya, del Señor del Cetro Planetario actual en su carácter de Señor de la Segunda Venida, o sea del Baba Maron Athos, El Señor que Viene.

La atronadora presencia del Santísimo Ashieta Shiemash, el Enviado del Cielo a la Tierra.

El retorno a Ikaria y mi despedida temporal del "Ser Enviado del Cielo a la Tierra", el Ashieta Shiemash.

Todo en el entorno del umbral que desde Asgard lleva a la ciudad secreta de Agartha, donde la configuración geométrica de los túneles lleva al desierto interior de la "noche oscura del alma" hasta la presencia vital y real con su xenoglosia del Ashieta Shiemash, al que todo oído puede entender en su primigenio lenguaje cerebral.

Nuestra Señora La Madre Cósmica de los Círculos. Astarté y las advocaciones Mariológicas Blancas.

El futuro de las religiones se proyectaría en la Gran Pantalla de la Nave Ocasión "Shamballah".

La preservación de las Escuelas de Misterios. Los chamanes y el Chamanismo en Gobi se explicaban por el Supremo Taumaturgo.

Las escuelas esotéricas de chamanes. Recordar que la palabra shaman en la lengua tungu-mongola significa "uno que sabe".

Pendulum del Gran Legislador Universal y sus insondables decretos y mandatos inamovibles.

Gobi fue un laboratorio experimental del Sistema Ors. En Gobi los camellos son los barcos del desierto como los nómadas suelen llamarlos. Allí hubo dinosaurios y brontosaurios, aves grandiosas y reptiles inmensos que no vivieron mucho tiempo y se extinguieron. Hubo miembros de esas especies sexuados pero también otros eran bisexuales y otros asexuales.

El modo de transmisión iniciática se puso en práctica primero en Gobi; luego en Tíbet; más tarde en Persia, Egipto y China y muy a posteriori en Europa y América.

En la lengua arcaica de los nómadas, Gobi es literalmente el resto del lago desértico que integra a todo el país rodeado de montañas.

En el criptograma de la nave "Ocasión" el Gran Piloto de a bordo ordenó inscribir el símbolo de Gobi como recuerdo de su viaje primigenio a este mundo.

A Gobi llegan los Grandes Personajes de la Inteligencia Galáctica y de la Nebulosa Psíquica cuyos nombres se encuentran en este relato auténtico y verídico hasta la plenitud.

Gobi no es sólo un vocablo en la lengua mongola para definir un desierto, es una palabra que enmarca todo un país de diversos sauros que fuera inmenso lago entre las montañas que lo rodean.

Gobi es Mongolia en su totalidad.

Gobi es Asgard, el túnel espacio-temporal.

Gobi es Agartha, la ciudad secreta en un mundo-universo-y-mundo-paralelo.

Gobi es donde a cada cierto período de tiempo "Un Enviado del Cielo a la Tierra" aparece allí y en alguna otra parte del mundo.

Gobi es un símbolo vital mántrico.

Shamballah es el nombre, "Ocasión", de una nave que viaja desde la quinta y sexta dimensiones. Shamballah es el estruendoso sonido de antimateria que se pronuncia como un mantram y estremece su orbe vinculante en el espacioso tiempo ilimitado de su duración sostenible.

SHAMBALLAH- Mi incursión dentro de las entrañas del Poder

Desde mi primera juventud (sin exagerar, desde antes), he tenido contacto con los Maestros de Sabiduría clásicos. Con algunos de ellos el contacto fue antes de los 11 años en el seminario en que me formé como sacerdote pero ha sido en los últimos años, después de los 40, que el contacto se hizo mucho más fuerte con Entidades diferentes, o sea, con Seres que procedían de otros sistemas planetarios siendo el más importante de ellos el Sumo Sacerdote Melquisedeq. Primero alrededor de los veintitantos años y más tarde, pasados los treinta y tantos años de edad, tuve esporádicos contactos con El, pero el contacto directo tuvo lugar en la segunda semana de mis 50 años de edad.

Posteriormente se fue incrementando y cuando fui a Agharta en Gobi, en Mongolia, estando en el piso 12 del hotel en el que me alojaba, esa Entidad - a quien por dar un nombre terrestre se llama Ashieta Shiemash- se presentó delante de mí, envuelto dentro del aura de algo parecido a una "nave". No se trataba de una nave convencional como podemos concebirla, de metal luminoso con instrumentos de precisión y de navegación. Se asemejaba a una nube pero no una nube del cielo. Su materia era sutil pero consistente. Entonces, sorprendido, descubrí que Shamballah no era un lugar sino que es un nivel de conciencia movible, ambulante como una nave pero sin metal; era algo que podía desplazarse más allá del tiempo y del espacio y albergaba "dentro"(si se puede decir así), cierto tipo de seres que permitían ese movimiento y algo similar a la idea de ventanas y puertas de acceso (por darles un nombre) para que aquellos llamados a realizar determinada función pudieran entrar.

Siento la necesidad de reiterar que Shamballah no es un lugar. Shamballah es un estado de conciencia transportada como si se tratara de un determinado objeto volador no identificado pero con la diferencia de materia y la característica de que Shamballah se identificaba muy pronto una vez que uno estaba "dentro". Allí había una especie de "salones", si se me permite describirlos así, que eran los compartimientos diferentes de "esta nave". Al final había como un puesto, un puente de mando y allí había ciertas entidades que iban a dar acceso a esta Entidad Superior llamada Ashieta Shiemash. El se presentaba no hablando sino trasmitiendo mentalmente en un lenguaje críptico sin palabras, sin articulación de lenguaje a través de sonidos, ni ningún tipo de contenido como los que utilizamos para poder hacer una transmisión lógica formal inteligible. Al principio me era muy difícil darme cuenta de que se me estaba trasmitiendo un mensaje. Posteriormente aquellos niveles superiores de mi mente y de mi inteligencia pudieron empezar paulatinamente a percibir aquel mensaje. El mensaje fundamental está plasmado en este libro. El objetivo principal de lo que me estaban transmitiendo era abrir una puerta hacia un estado de Conciencia Superior y la posibilidad de contactar por uno mismo, de contactar directamente a todos aquellos Grandes Seres que querían realizar una labor diferente con la Humanidad en este período.

El 24 de Agosto del año 2011 emprendimos después de pasar una semana en Moscú, la travesía aérea desde Rusia, hasta Ulan Bator (Ulaan Bataar) capital de Mongolia, que fue de unas seis horas. Arribamos a las 7 de la mañana a uno de los más sucios y desorganizados aeropuertos del mundo, con una empleomanía que parecía una tropa de choque de un campamento militar de los tiempos de la Primera Guerra Mundial. La carretera del aeropuerto a la ciudad no estaba asfaltada. Cualquier otra instalación semejante en cualquier país africano sin desarrollar habría sido más transitable. A los lados de la sinuosa vía se veían viejos y destartalados edificios y algunas instalaciones nucleares demolidas en parte así como otras ruinosas edificaciones que daban la impresión de un largo tiempo de abandono. Presentes en mi mente estaban una sensación de inestabilidad y las ansias que terminaron en estos días de peregrinación a este inhóspito país.

La población, niños y adultos, se vestía paupérrimamente y con escaso aseo. Al llegar a un modernísimo hotel pude percatarme de la falta de agua caliente en mi habitación. A iniciativa mía tuvimos que pedir ser trasladados a otro hotel mi fotógrafa y yo para poder ducharnos con agua caliente.

Finalmente en el hotel Bayangol tuve una habitación de lujo con amplia terraza para contemplar el exterior y todas las comodidades. Cosa curiosa: la marca de toilets en el hotel era "Huye" que sin duda significaba algo diferente en lengua mongola pero pareciera mas bien un mensaje subliminal para viajeros incautos. Las lujosas habitaciones tenían máscaras anti-gas y equipos contra la radiación nuclear…. Buena forma de darle a uno la bienvenida.

Apartado especial merecen las peripecias alimenticias en Mongolia. La comida era tan asquerosa que en varias ocasiones tuvimos que dejarla servida en la mesa de cualquiera de los restaurantes, supuestamente de lujo, que se erigían en la avenida principal que desde el hotel Bayangol nos conducía al edificio del Parlamento mongol, al que designan como Gran Khural. En un mismo día fuimos a almorzar o cenar a más de un sitio, saliendo inmediatamente en cuanto sirvieron la comida (por supuesto, después de pagar) ya que aquellos alimentos eran hediondos vomitivos. Culinariamente no fue mucho mejor cuando visitamos los Ger, las típicas tiendas de campaña redondas mongolas que albergan a familias enteras. Todos allí e incluso mi asistente (excepto yo), comieron de un mismo plato, con una misma cuchara una especie de cocido o sopa de "ave…..rigua lo que es".

En medio de tanta barbarie -los bárbaros de Gengis Khan y Atila eran de origen mongol, pero la barbarie no es cosa del pasado solamente- resultaba difícil imaginar que en un sitio tan desagradable pudiera existir algo místico, de elevación espiritual. Aun así, aunque difícil de encontrar para cualquier profano, para el Iniciado se abría un inusitado cúmulo de maravillosas experiencias en el "túnel" de Asgard hasta Agharta.

En el piso 12 del hotel Bayangol (Chinggis Avenue con Peace Avenue, en Ulaan Bataar, Mongolia) comenzó a ocurrir el extraño y grandioso suceso que me permitiría entrar en Shamballah. Como he explicado no era un sitio físico ni un lugar determinado. Shamballah era una "nave espacial biótica" sin metal ni turbinas, tan espaciosa en su substancia de antimateria de unos 5000 pies cuadrados que se desplazaba en el tiempo y en el espacio a una velocidad de aproximadamente 50.000 kilprenos (velocidad horaria-espacial en términos ocultos). Aunque no hubiera aparentemente pilotos, la nave "Ocasión" orbitaba bajo dilatación del tiempo dirigida por 'algo' semejante a un ordenador o computadora de un material elástico y flexible en su transparencia, aunque tan fuerte y duro como el acero. No tenía ventanillas ni puertas pero se podía contemplar el exterior perfectamente y para entrar y salir se atravesaban sus fuselajes, tan diversos en su coloración y de una altura tan larga como su profundidad y extensión a los lados. Me sobrecogí de un temor visceral cuando este "vehículo" se elevó al infinito exterior a la Tierra y el Sistema Solar al activar el modo de elevación y desplazamiento, para después bajar en pleno Gobi a la ciudad secreta de Agharta, a la que se accedía desde el puerto de aterrizaje de Asgard, el sistema subterráneo de túneles y salas de interconexión.

Todo el recorrido se evidenció en unas cuatro horas pero me pareció que transcurrió en una semana debido a la dilatación espacio temporal. En esta experiencia pude llegar a experimentar el significado de la teoría de Dirac.

Entrar en Shamballah y aprender a moverse dentro no era fácil. Era como de nuevo aprender a nadar y esta vez en profundidades del mar, o sea, la capacidad de desarrollar una forma de supervivencia sin respiración sometido a todas las articulaciones y peso específico y presión que ocurren cuando uno está nadando en forma submarina. Era algo muy diferente para mí. Me recordaba mis comienzos en el aprendizaje de la natación submarina. En Cuba desde muy pequeño aprendí a nadar con algunos de mis amigos y amigas que me enseñaron a nadar muy bien. No obstante, nunca me destaqué demasiado en natación ni en submarinismo; fui probablemente alguien de mediana destreza en cuanto a la capacidad de desplazarme bajo la superficie marina, comparado con la mayoría de la población de la isla. Pero esa sensación vino a mi mente cuando estaba en Shamballah: me resultaba muy difícil pero tenía que aprender a desplazarme como si estuviera debajo del agua, tenía que aprender a respirar reteniendo el aliento.

Después de haberme movido por los distintos salones y secciones o segmentos que hay en Shamballah a dónde pude llegar en aquel momento, me di cuenta de que la mayoría de ellos eran virtuales. Eran algo que giraba sobre uno mismo y que era la capacidad de ver dentro de un cuerpo que yo estaba utilizando que no era el cuerpo físico. Yo me estaba moviendo dentro de mi cuerpo mental y así tuve que controlar mis pensamientos porque lo que yo pensaba y lo que yo sentía producían una serie de formas alrededor que no me permitían moverme con elasticidad. Daba la sensación de que estaba atrapado en mi propio pensamiento, en lo que yo pensaba de todo lo que estaba viendo, en aquello a lo que lo comparaba, tratando de establecer parámetros con experiencias anteriores. Lo que yo había leído, lo que había conocido, todo eso en medio de una nueva participación dentro de elementos completamente distintos. Esa "nave" Shamballah no estaba sometida a las leyes de la Tierra aunque estaba aproximada dentro de un lugar terrestre como puede ser Gobi, no estaba dentro de esta esfera en la que las influencias terrestres dominan toda la actividad. Comprendí en muy poco tiempo que estaba sometido a otro tipo de leyes, de regulaciones. Entendí que lo que regía todo aquello era completamente distinto: mi concepto de los seres-leyes, de ciertas leyes de la naturaleza o del karma y como pueden ser distintos otros factores que obran automática e instintivamente dentro de los cuerpos celulares, electrónico, etérico, astral y mental del ser humano. Existían allí de alguna manera pero al mismo tiempo, era enteramente diferentes.

Al tiempo, sin poder medir cuánto porque ningún reloj del mundo terrestre funcionaba allí, me di cuenta que el estado espacio temporal era plenamente desemejante. Yo no tenía sed, no tenía necesidades físicas pero había unos aspectos nuevos dentro de mí mismo; empezaba a experimentar un estado de euforia que en algunos momentos se alternaba con un cansancio tremendo porque el movimiento para mí era muy lento como si me desplazara en los profundos abismos del mar. Al final, las luces, las luminarias que me rodeaban empezaron a darme apoyo, a proveerme ayuda en el sentido energético. Noté que había un intercambio entre mis centros y los centros de ellos, que mi capacidad de desplazamiento era dominada por leyes completamente diferentes las cuales ejercían sus influencias en relación al grado de acomodamiento de mis pensamientos. Es bastante difícil de entender para quien lo experimenta y mucho más difícil de explicar y transmitir. Su complejidad es tal que no es fácil encontrar palabras para describirlo.

Después estuve en lo que pudiera identificarse como un puente de mando, un puesto de dirección, y allí había como "pantallas", aunque no eran exactamente como las que conocemos nosotros. Eran "pantallas" muy grandes que abarcaban todo como si no hubiera paredes y allí podía "ver" toda una serie de aspectos de lo que estaba ocurriendo en la Tierra y más allá de la Tierra en otra parte del cosmos. Los Seres que manejaban instrumentos o aparatos (por tratar de describir de alguna manera lo que hacían), no tenían extremidades como nosotros, eran áuricos o sea, ovoidales. No tenían la forma que nosotros podemos concebir en los extraterrestres, que pueden ser humanoides con poderes, o tener contra las extremidades la cabeza, ciertos miembros o alguna semejanza más o menos remota a la fisiología del cuerpo humano. No, ellos eran enteramente distintos. Habría que decir que eran bolas no totalmente circulares, sino ovoidales con variados colores, brillantes ovoides en los que se percibían sus "centros", sus "chakras", los cuales variaban de colores cuando uno se aproximaba para comunicarse o para que le comunicaran algo. Había como un intercambio de energías que entraban dentro de esa *esfera en la que yo me encontraba que era yo mismo.* Momento en que me costaba trabajo identificarme a mí mismo y saber en dónde empezaba y donde terminaba mi Yo. La dimensionalidad de lo que me sucedía no había tenido nunca paralelos en mi existencia.

Durante esta encarnación desde muy niño tuve experiencias astrales, visiones de Seres Superiores. Al principio no entendía lo que estaba percibiendo. Mucha confusión hubo en mi mente sobre todo porque eran entidades no físicas, pero nunca había vivido algo como esto. En ninguna de mis experiencias iniciáticas había pasado nunca algo de esta naturaleza. Estaba dentro de un evento que se movía por sí mismo. Había entrado por Shamballah en la historia misma del Universo. Era una "nave" en el sentido de que se desplazaba, se movía en el tiempo y en el espacio pero con otras coordenadas completamente diferentes a lo que nosotros podemos concebir como espacio y tiempo. Durante probablemente lo que sería la primera hora (si es que el tiempo allí pudiera ser medido), experimenté un proceso en el cual en mi centro mental de percepción había una adaptación a la percepción y podía diferenciar mi percepción de la percepción, de la percepción en sí misma, o sea un proceso muy difícil de poder explicar. La percepción entraba en mi interior y entonces se convertía en mí mismo. Yo era un perceptor y era la percepción a la vez.

Después de todo este proceso, que tal vez durara una hora o tal vez fuera muchísimo más tiempo porque había una dilatación de espacio y tiempo completamente diferente a la Tierra, empecé a tener ese contacto con la Entidad que me presentaron como el Ashieta Shiemash. Esa Entidad empezó a tener una forma un tanto más antropomórfica, o sea empezaba a tener una silueta que podría parecer humana aunque no lo era. Con él había otras presencias y al final me describieron como iba a ser el proceso por el cual yo iba a tener contacto con las otras entidades en el espacio y el tiempo y, valga esto así, qué iba ser mi estancia en Gobi. En otras palabras, qué iba a pasar en mí, cómo iba a hacer esto, en que períodos, que tenía que hacer yo cada día para prepararme, como podía abrir mi mente, mi centro de inteligencia, para poder percibir todo. Esto fue lo que empezaron a enseñarme. Fue algo muy difícil, pero al final me di cuenta de que ese era el origen de la Ocultura, de la Cultura de lo Oculto. Discerní que la Ocultura, el Ocultismo no era nada que hubiéramos creado en la Tierra, comprendí que venía desde mucho más lejos y eso tan lejano se había aproximado a mí en este momento, en ese instante en el tiempo y el espacio, más allá de lo que pudiera ser tiempo y espacio de manera lineal en la vivencia de un ser de la Tierra.

En los dos encuentros directos de comunicación que tuve con el Sanat Kumara y con el Ashieta Shiemash pude darme cuenta de que Ellos, cada uno en su forma muy peculiar, estaban preparándome para lo que yo haría después de estas entrevistas que fueron inmensamente largas. Tuve un período de conciencia muy profundo con este personaje tan diferente. Fue mucho más largo y también tenso porque todo mi vehículo de conciencia parecía estar bajo una rigidez que era íntegramente nueva para mí pues, en lugar de tener la habilidad y elasticidad que había adquirido durante los primeros contactos con las Entidades Superiores, ahora parecía que la fuerza que se desprendía de Melquisedeq me hacía sentirme tenso, o sea no me permitía la movilidad. Yo pensé que esto era una forma de temor, me pregunté si estaba experimentando algún tipo de miedo. Discerní después que no era eso. Era algo instintivo a nivel astral-mental; no físico pero me estaba sucediendo. Llegó un momento en que a unos colaboradores de Esas Entidades, que eran ovoides, que se reunían y que a su manera, me observaban, les expliqué lo que me estaba pasando. Se lo trasmití mentalmente y entonces ellos empezaron hacer algo sobre los centros de mi cuerpo, especialmente aquellos que están en la porción más elevada. Posteriormente en mi espalda, en mi frente, en la zona frontal de mi cuerpo y en mis extremidades inferiores. Esto hizo que me sintiera mejor.

Melquisedeq me comunicó que ese contacto se mantendría después, que de hecho yo había tenido siempre contacto con El de una o de otra forma. Me habló de Aquellos que fueron mis Maestros Invisibles desde mi juventud, de toda aquella experiencia que yo había tenido y de cómo todo eso me estuvo preparando y de cómo Ellos evitaron que me ocurrieran una serie de eventos que pudieron haber sido peligrosos para mí. También de cómo algunos otros momentos difíciles que pasaron provocaron que Ellos de alguna manera intentaran cambiar las cosas, cosa bastante difícil en un universo en el cual las leyes manejadas por algunos seres son tan compartimentadas que los unos no tienen manera de elaborar sistemas que cambien lo que los otros están haciendo. De nuevo, esto resulta dificilísimo de entender. Yo mismo no lo entendía. Estaba tratando de elaborar la forma de pensar, de tener ideas, de llegar a conceptos de una manera completamente distinta, o sea, yo no sabía pensar en canales que no fueran lógicos. Siempre me había guiado por los métodos de razonamiento y de intuición y ahora, basándome en el método analógico, trataba de comparar unos estados de conciencia con otros en este nuevo tipo de evento que me estaba ocurriendo, pero no tenía con qué compararlos. Eran niveles de consciencia diferentes sin una explicación racional y no funcionaban con los parámetros de la mente. Por supuesto la descripción tenía que proceder de un estado de conciencia que solamente llevaría la transmisión de todo esto a quienes pudieran generar el mismo nivel de acontecimiento interior o sea de evento interior, para que Samballah no fuera una experiencia solamente de ir hasta Gobi.

De hecho Samballah podía presentarse en cualquier lugar en donde hubiera un vórtex porque el vórtice será una entrada en el mundo astral, en el mundo de la antimateria y estos agujeros negros como se les suele llamar (que por supuesto, no son negros en realidad), pudieran ser siempre un canal para facilitarnos la entrada a estos novedosos y únicos estratos de conciencia. Supe entonces que Shamballah se "desplazaba" por todo el planeta Tierra como se "movía" por todo el Sistema Solar. Para montarse en esta "nave" lo único que había que hacer era hacerlo, pero para hacerlo uno tenía que ser algo así como "invitado a entrar". Habría la necesidad de que "abrieran una compuerta", de que dieran acceso, de que me dieran la oportunidad que me habían dado. Me preguntaba por qué había pasado esto conmigo. Me transmitieron que había pasado con otros muchos antes. Yo era alguien que había sido escogido por mi preparación. Esa preparación podía ser para cualquiera que hiciera los esfuerzos, que hubiera tenido interés de llegar hasta el final, que hubiera vencido todas las resistencias, que hubiera tenido no solamente la oportunidad sino que la hubiera provocado, que la hubiera conseguido. Todo lo que me "dijeron", o sea, lo que me hicieron saber, fue utilizando el sustratum de la supra consciencia o sea la mente abstracta. Todo estaba en clave matemática. Para alguien que como yo, nunca había tenido facilidad para las matemáticas, sin embargo todo era completamente plausible e inteligible al nivel de la mente superior. Sentí como cuando de niño había leído a Pitágoras en sus "Versos Dorados" que me permitió entender los conceptos matemáticos. Antes los había aprendido mecánicamente memorizando pero después llegué a comprender.

Ahora ocurría algo parecido. De nuevo se revitalizaba mi conciencia interior y me daba cuenta de a dónde podía llegar. Me estaba mostrando un infinito totalmente diferente de lo que yo me había imaginado. Las ideas que podamos tener de los mundos astral, mental y lo que está más allá, están basadas en nuestras experiencias de la meditación, de la exteriorización, de cuando salimos del cuerpo. Sin embargo, esto era completamente distinto porque yo estaba en una esfera que se movía, que se desplazaba, que podía en un instante estar en una parte del Sistema Solar y de repente, estar en otra. Que me mostraba algo de Júpiter y de momento era consciente de que estaba fuera del sistema solar. Una verdadera locura!

¿Qué pensaba yo en este momento? Pensaba que nadie me iba a creer y tampoco me interesaba si alguien lo creería, ni intentar decírselo a nadie porque quien no llegue a este estado de conciencia no lo puede comprender. Mientras yo estaba en estos pensamientos batallando conmigo mismo, tratando de entender lo que me estaba pasando que era tan difícil, entonces vino una luz superior que era de un color rosáceo, una luz tan extraña que no se podía comparar con la escala cromática de colores que conocemos nosotros en la Tierra. Esa luz, según iba entrando en mi cabeza, esa parte que yo podía identificar en ese momento como mi cabeza de mi propio ovoide, estaba produciendo los cambios mentales, intuicionales, intelectuales que me hacían poder pensar de otra forma, que me capacitaban para producir toda una serie de efectos interiores y exteriores. Entonces me dijeron: "cuando empieces a trasmitir lo que tienes que decir, el mensaje, tendrás que utilizar otra forma de pensar y de sentir para que te entiendan aquellos a los que va a llegar tu mensaje y te tiene que importar solamente que el mensaje llegue. El que lo puedan inteligir o no va depender de cada cual. Va a ser el dechado que cada uno tenga para poderlo comprender, pero la labor tuya es trasmitirlo como te lo estamos dando."

Esta ayuda de las entidades que estaban alrededor me sirvió de mucho porque cuando después la Sublime Entidad empezó a trasmitirme ese mensaje tan importante, sentí que yo tenía una razón de ser; aparte de mi sacerdocio, aparte de mi entrega a un ideal, había un objetivo que iba más allá de todos los ideales. Era algo tan importante que entraba dentro de mí como un efluvio que venía de la Conciencia Cósmica de la Divinidad. Entonces Melquisedeq empezó a hablarme de la Divinidad y yo le pregunté. Quise saber acerca de Elohim, y acerca de la Trinidad. Quise conocer todos los Misterios relacionados con las expresiones de la Divinidad tal y como llegan a nosotros a través de las religiones. Y entonces Melquisedeq me dijo: "la Divinidad es eso, es todo eso y mucho más pero la Divinidad es algo inherente a uno mismo, está presente en todo el Universo y está aquí con nosotros y está contigo y está más allá y está con aquellos a los que vas a llevar el mensaje y tienes que entrar en contacto con lo que te vamos a mostrar ahora en este camino. Lo que te estoy enseñando ahora en esto que aparece como una columna de luz". La luz era rosácea, convirtiéndose en algo color dorado, azulado, de colores cambiantes y había color verde, un verde que tampoco había visto nunca y la luz se extendía y por momentos había una campiña (¿pero una campiña de dónde, si allí no había ningún árbol ni tierra?); parecían como ríos cercanos pero no había agua y era como una nube pero esa nube no era como las que podemos ver aquí en el mundo físico. Entonces entendí que eran arquetipos y yo estaba en contacto con estas formas que la Divinidad mostraba a través de estos arquetipos universales y empezaron a entonar algo que me hizo pensar: esto debe ser mantram, pero un mantram diferente. Se trataba de unos sonidos no vocales, no articulados. El sonido era más bien como una música pero una música muy peculiar, ajena a la idea de los acordes musicales. Estaban trasmitiéndome el conocimiento del contacto con la Divinidad expresando que lo más importante es el contacto con la Conciencia Cósmica del Ser Supremo, que eso era posible, que se podía alcanzar y que yo estaba entrando ahora en ese río de luz que me llevaba a la Conciencia del Ser Supremo, de Dios.

Los Lipicas, no los Maestros ni la Gran Fraternidad Blanca, son los que rigen el karma, y me habían puesto para que hiciera una labor que venía de otro nivel, que no tenía nada que ver con Aquellos que habían regido el destino del mundo. Es decir, yo estaba entrando en esa esfera de lo que los nuevos dirigentes, por llamarles así, del Cónclave Iniciático Universal, querían hacer en cuanto a la entelequia, a la comunicación, el intercambio de ideas con los Agniswatas y con los Maharishis que son en definitiva lo que rigen el karma dentro del planeta Tierra, la galaxia y en todo el Universo. O sea que esto había venido de mucho más alto y yo me planteaba ¿y por qué esto?

Pensé que había gente que yo conocía que tenía muchas cualidades e incluso tal vez más experiencia en estos campos que yo, y me planteaba ¿por qué yo? A esto no me dieron respuesta pero sí me dijeron por qué había sido escogido para hacer lo que debía hacer: porque era lo que se esperaba de mí y todo lo habían procurado para que yo lograse aquello que había alcanzado. A mis preguntas dijeron: "Tú debes ser esa vía, debes ser un puente, como te dijeron cuando eras muy joven, tienes que ser un soldado en una guerra donde no hay armas y la función tuya al estar desarmado, es tenderte para que pasen otros soldados por encima de tu propio cuerpo como si tú fueras un puente. Ahora de nuevo eres puente, Pontífice. Prepárate para que otros caminen por la vereda que estas abriendo. No debes esperar comprensión porque la comprensión no se tiene, se alcanza. Transmite el mensaje a aquellos a lo que puedes llegar a despertar el ansia de recorrer ese camino. Un camino infinito que puede ser accesible, que va a depender de cómo cada uno pueda llegar a verlo. Esto que te damos es de Aquel que te envió. A esos es a quienes tienes que dirigir tu mensaje. Este contacto con las inteligencias superiores da la oportunidad para que un número limitado de seres humanos pueda realizar el gran cambio que va a suceder inexorablemente no sólo en el planeta Tierra sino en el Sistema Solar y en el Universo".

En la "nave" había seres supra humanos con el código genético astrofísico, de la raza de los llamados Melquisedeq que ni nacen ni mueren, con el Sanat Kumara y sus tres auxiliares y el enigmático personaje Enoc, uno de los seres humanos de sexo masculino que dejo la línea de evolución hominal para pasar al linaje angelical con el nombre de Metatrón. El otro ser humano fue del sexo femenino, en la persona de María, la Madre de Jesús de Nazaret, que se convirtió en el ángel conocido como la Madre del Mundo.

Todo este proceso fue en una completa exteriorización de mi cuerpo físico. No tenía nada material conmigo. Luego en Asgard en la próxima experiencia tampoco podía llevar absolutamente nada físico. Lo único que podría denominarse como "alguna clase de sustancia" fue la implantación etérica de un "chip" en mi centro encefálico astral y otro en el Vril cerca de mi plexo solar y que se movían dentro de mi aura incorpórea. Aunque hubo aspectos vinculados a la Iniciación y un cúmulo de sorpresas que despiertan el Ser, (la Iniciación es eso en definitiva) no se me asignó ninguna nueva misión, por el contrario me indicaron cumplir mi misión ya asignada hace mucho tiempo. Durante este "tiempo vivo" tuve la sensación de estar totalmente despierto y con entera autoconciencia de mi desplazamiento. Las entidades de Shamballah y Agharta no me constituyeron específicamente en su mensajero o representante. Me instruyeron en Conocimiento y Poder para mi Obra, o sea, la Doctología.

En Shamballah recibí la Iniciación de estos dos niveles existenciales: en el nivel del Espíritu y en el del Alma. Estas iniciaciones me fueron conferidas la primera por el Ashieta Shiemash, Enoc y Melquisedeq y la otra por el Iniciador Único Baba Maron Athos. Los Enviados del Cielo a la Tierra y el Ser más elevado de entre la raza de los hombres, me mostraban las técnicas más secretivas para producir la transformación del órgano Mitrión y la sublimación del órgano Kundarfer.

Estoy convencido de que cualquiera que haya sido iniciado en alguna de las Escuelas de Ocultura y haya cumplido con los ejercicios inherentes al desdoblamiento de la personalidad, puede también lograr lo mismo que yo.

Metamorfosis del ensueño o imaginación creativa, pero lo cierto es que quien no pase por la estimulación mental y espiritual que producen el Induva y el Latihan en los centros de los cuerpos por la aplicación del Cetro del Poder y por la bola de cristal que utiliza el Iniciador en su apertura del discípulo en Shamballah, no estará en condiciones de comprender esta extraordinaria experiencia más allá del cuerpo físico. Fue un encumbramiento que otros discípulos han obtenido antes y otros alcanzarán después. Se robusteció mi capacidad para hacer más por mí mismo. En este punto es mi deber enseñarles que los Grandes Seres están abiertos a buscar seguidores comprometidos y sinceros. No se interesan en los simples curiosos o individuos inestables y frustrados. Ellos necesitan para Su Gran Obra a los que fervorosamente anhelan entregarse a este ideal de la Arcana Enseñanza Iniciática de Ocultura Universalis.

En "Ocasión" de la nave Shamballah que se posa periódicamente en los vórtices que se encuentran dispersos por todo el planeta Tierra, es posible que sean "tomados en rapto" los que se preparen para la travesía más importante de sus vidas. La accesibilidad de la corriente energética de los mundos de antimateria es la vía de la curva logarítmica de la entidad pensante a través de los vórtices o agujeros negros que dan entrada al Plano Invisible y Subjetivo de Shamballah. Ubique, o sea, ubicada en todos los sitios del mundo, puede llegar la nave Shamballah a recoger adeptos como el autor (o como el lector).

Solamente por la Iniciación de la Doctología, la Arcana Enseñanza Iniciática de Ocultura Universalis se puede proveer la presencia astral y mental de estos Grandes Seres y otros Seres Superiores que están obrando para la escogencia de los aproximadamente 144.000 que serán "raptados" en la nave "Ocasión" en este siglo XXI.

En el Breviario incluido en este libro, muestro al sincero buscador de la verdad unos sencillos ejercicios espirituales y temas de Meditación por los que puede comenzar la Inicial Iniciación Iniciática a manera de auto iniciación del principiante que aspira a la obtención de las ulteriores iniciaciones de la Ocultura.

Aquél que reciba el llamado de los Maestros de la Jerarquía del Cónclave Iniciático Universal deberá estar alerta para cuando este momento llegue. Les aseguro que no habrá nada semejante en el mundo material.

Shamballah no es lugar sino estado existencial de conciencia asequible en cualquier ciudad, pueblo o país. Valió el intenso esfuerzo de visitar Mongolia, pero cuando mi acompañante y yo regresamos a Rusia, fue un alivio. La semana siguiente en Moscú fue de lo mejor. No obstante las tremendas condiciones exteriores, el corolario de esta extraña experiencia me proporcionó el desarrollo del Poder en mí. Nadie puede otorgar este tipo de Poder, pero lo que me enseñaron y realizaron en mi persona fue definitivamente distinto a cualquiera otra forma de iniciación que se pudiera obtener en el plano terrestre. Lo que vi y escuché, lo que contemplé y conseguí, es imposible de lograr si no se tiene la ayuda y el aporte de los Seres Excelsos con los que me encontré.

Si el lector encuentra útiles los métodos que expongo puede comunicarse directamente con nuestra Sede Vanguardia de la Doctología para obtener ulteriores instrucciones y apoyo en su dedicación a la Verdad Suprema que procede del Dios del Universo, el Padre de las Luces en quien no hay mudanza ni sombra de variación, como reza el versículo cabalístico del Nuevo Testamento.

La exploración de la sombra, entiéndase el sueño, el ensueño y la imaginería, nos indica cómo el subconsciente,- una expresión antitética del mundo astral interior -, interviene y llega a veces a gobernar la conducta psíquica y endocrina de la persona.

Descubrir la sombra es el primer paso para entender la conciencia. El lenguaje físico corporal y facial y su enfaticalismo proyectan igualmente la modalidad expresiva del inconsciente colectivo ya sea tanto aberrativa como racional. El alma grupal de los animales es el equivalente analógico del inconsciente colectivo. Para superar la sombra, o sea las programaciones negativas, existe otro medio. Este medio es el Induva.

El Induva impacta los centros para despertar la supraconsciencia y provocar cambios en el campo magnético del aura humana que traerán consigo superar las vulnerabilidades y desenvolver los potenciales de la mente, inteligencia e intuición, al grado más elevado y potenciarán las habilidades en lo concerniente al éxito en la vida personal, en lo laboral y además en el aspecto interior que proporciona la afluencia en el contacto con otras elevadas entidades tanto del mundo exterior como de los planos superiores.

Durante el proceso de transformación, la interrelación e interacción con los seres de los mundos invisibles ensancha los límites del conocimiento. Una vez obtenidos los resultados efectivos del Induva, la conciencia interior liberada del discípulo es catapultada a un destino diferente y grandioso que modifica los estados existenciales anteriores. Las sendas del autodominio y auto control permitirán entonces llegar a la meta de Ocultura, es decir la maestría en la escuela de la Vida.

Los ejercicios espirituales que describimos pueden en apariencia contemplarse como algo sencillo; no obstante cuando se practican con asiduidad desembocarán en útiles medios que permiten ver las auras de objetos y entes vivientes, así como la correcta interpretación del carácter de los seres humanos.

Una sugerencia para los principiantes es realizar estos ejercicios en las mañanas, antes de desayunar y antes de tener contactos verbales con otros humanos. Luego, mentalizar la programación del día. Si estos ejercicios se llevan a efecto en las noches, antes de dormir, no deben realizarse inmediatamente después de tener relaciones sexuales o de cenar. Seguidamente convendría hacer el recuento retrospectivo de los acontecimientos y acciones del día.

Para el discípulo que desee fervientemente establecer el contacto con su Ser interno y con otras inteligencias, el proceso de meditación sobre los objetivos tanto cercanos como a largo plazo, deberá ser expuesto en la "pantalla mental" de la conciencia despertada.

Aunque no es imprescindible, el uso de incienso y velas aromáticas en la creación de un ambiente propicio al "hacer cámara" como técnicamente se definen estas prácticas, aumenta considerablemente la obtención de los resultados en cuanto al arribo a los estados de conciencia superior que abren el umbral (vórtice) del Mundo Astral.

Un importante detalle es que el practicante de los ejercicios espirituales de Ocultura debe despojarse de sus ropas y metales, calzado, calcetines e incluso la ropa interior.

El discípulo deberá desconectar los teléfonos, timbres, receptores de radio y televisión y otros artefactos que distraigan la atención. Para empezar no debe exceder el tiempo de "trabajo-sobre-uno-mismo" en más de 20 minutos. El mínimo de tiempo será de 5 minutos. El tiempo máximo dependerá del desarrollo de cada uno.

Les advierto que el órgano del pensamiento – la mente- se irá fuera de control continuamente en los primeros tiempos. El conocimiento de la Arcana Enseñanza Iniciática de Ocultura Universalis instruirá al discípulo a volver la mente (que por supuesto es un sentido más, pero no el Yo Real, ni siquiera la inteligencia) una y otra vez con perseverancia y desapasionamiento, al foco de meditación tal y como explican los ejercicios de la Doctología.

Tened presente que ustedes no son ni el cuerpo, ni las emociones y sentimientos, ni los instintos ni los pensamientos. Ustedes son el Ser, el Yo Verdadero y no los elementos y facultades que lo componen pero que no lo definen. Retengan esta señalización en su Camino del Desarrollo.

La idea que se tiene sobre el Gobierno Invisible o sea el gobierno interno del mundo, generalmente esquematizada de una forma sistemática por autores que hicieron una gran labor pedagógica en su descripción (entre ellos, Leadbeater y quizá mucho más explícitamente, Alice Bailey), implica determinadas funciones que existen en algunos de los miembros de la Jerarquía de la Gran Fraternidad Blanca. Esta Jerarquía se concibe como una organización constituida a manera muy propia por estos Seres, a los cuales se designa como Maestros porque enseñan y han alcanzado la liberación del renacimiento, es decir, no tienen que reencarnar. Ellos han tenido diversos nombres para agruparse y realizar su labor pero, contrario a lo que muchos piensan, en contraposición a lo que a veces se ha indicado aunque no enseñado, la función de Ellos no es dirigir el mundo, es más bien un asesoramiento, es una influencia, una forma de guía. Los Maestros no tienen poder sobre aquellos seres que rigen los factores de la evolución. Es decir, los

Maestros no tienen acceso a controlar el destino. Pueden ayudar a realizar lo que se ha dado en llamar el karmarless o sea la modificación del karma, pero no pueden evitar el karma ni eludir una precipitación kármica de nadie si la persona en particular no lo hace por sí mismo. Sin embargo, Estos Seres, llamados Maestros de Sabiduría por darles algún nombre, tienen poderes inmensos comparados con los hombres y mujeres ordinarios mas no los pueden utilizar a su arbitrio, o sea, no pueden hacer con ellos lo que quieran. Están sometidos no solamente a leyes de carácter cósmico y planetario sino a un código de ética muy estricto. Los Maestros de Sabiduría no pueden intervenir directamente en la humanidad. Ellos observan, llevan un recuento de todo lo que ocurre en función de lo que debe pasar en esquema cósmico, un esquema del planeta Tierra, pero su nivel de influencia no está en forma directa relacionado con su nivel de conocimiento de los eventos y de todo aquello que va ocurrir. Por otra parte estos Seres mantienen una gran independencia en relación con los más rígidos Lipicas (Señores del karma o destino), los cuales en tres niveles diferentes rigen el destino de la humanidad. Por tanto una organización como la Gran Fraternidad Blanca no puede cambiar los acontecimientos del mundo material ni realizar lo que no le corresponde, pero sí tiene el poder para enseñarnos, para ayudarnos a desarrollarnos y conducirnos a un nivel superior de Conciencia.

Uno de las problemáticas más importantes que han tenido durante años quienes forman parte de la Jerarquía de la Gran Fraternidad Blanca es tener la posibilidad de intercambiar ideas y de plantear determinados proyectos delante de aquellos Seres que han regido los destinos del planeta Tierra durante milenios. Me refiero a los Kumaras, al Ashieta Shiemash y a Melquisedeq. En particular, Melquisedeq es el nombre que se le da a uno de 12 "Melquisedeq" que han venido al planeta Tierra. Cada uno de ellos tiene Su Nombre propio. Se podría decir que son una raza muy especial de Seres Iluminados, los cuales rigen determinadas funciones dentro de los sistemas solares, las galaxias, las nebulosas y el Universo. Se les dan nombres genéricos y a veces ese nombre genérico (por ejemplo, Enoc) se asocia solamente con una personalidad. Pero en realidad, es un estado de conciencia, un nivel muy por encima de una personalidad y la función que tienen es dirigir determinados aspectos, porque en realidad es un cargo, una posición. Es más bien, una labor que un determinado tipo de identificación con algún individuo por superior que Este pueda ser.

Ahora vamos al planteamiento de Aquellos que forman parte de lo que ha llegado a reemplazar a la Gran Fraternidad Blanca. Los que rigen la jerarquía del Cónclave Iniciático Universal están planteándose cómo llegar a tener una entelequia, una comunicación de intercambio con los Seres que estuvieron rigiendo gran parte del desarrollo de la Humanidad en el planeta Tierra y en algunos otros planetas de nuestro sistema solar, que por miríadas de siglos, de milenios han estado haciendo una encomiable labor, pero a veces no han tenido ningún contacto sistemático, preciso, con aquellos seres que han alcanzado niveles superiores de conciencia, que han llegado a la liberación del renacimiento, a los cuales les está permitido salir del Sistema Solar e incluso en muchos casos de la galaxia, pero no de cambiar determinados aspectos de situaciones que concurren y acontecen en nuestro sistema planetario. Esto es bastante difícil de comprender: ¿cómo Grandes Seres no van a tener poder sobre los acontecimientos? Su nivel de influencia es muy alto pero realmente el alcance de lo que puedan hacer en la vida diaria de los seres humanos es mucho menor. Simplemente, Ellos cumplen su cometido de organizarse, - como seres liberados-, en función de guiar y enseñar, pero no intervienen en el karma de la Humanidad y los seres vivientes del planeta Tierra.

El Meditabundo que quiere llegar a la Supra Consciencia deberá practicar determinadas cualidades. En Shamballah el Sanat Kumara y el Ashata Shiemash se pronunciaron de esta manera con esta concisa enumeración de cualidades y condiciones:

No respuesta a los clamores de la naturaleza instintiva. No fantasías.

No vinculación con la gente ordinaria.

No adhesión a las formas estereotipadas de la suciedad en la sociedad. Sin falsas actuaciones y desesperanza emocional.

No interacción con los temores, el miedo o la sensación de inseguridad.

No volatilización de los espectros de la mente deleitosa.

Dejar la ignorancia y fascinación.

Dejar la partición emocional de nostalgia, tristeza, melancolía.

Dejar las repercusiones falsas del intelecto.

Dejar las manifestaciones de la superstición.

Dejar los productos, subproductos y frutos del embelesamiento con los seres vulgares.

En mis entrevistas con Ellos escuché y pregunté. Ellos y otros siete que les rodeaban en la nave emitieron unos extraños sonidos vocales-mantrams y posteriormente me enseñaron algunas técnicas integradas en el esoterismo histórico de otros sistemas planetarios con seres humanos sensientes semejantes a los de la Tierra pero "con espirillas" más desarrolladas a nivel electrónico en sus neuronas. Lo más importante fue que estos Grandes Seres establecieron el procesamiento de la Doctología en el Libro Oculto de Shamballah.

El Autor ante el Gran Khural, el Parlamento de Mongolia,
en la capital Ulan Bator

"No te conformes con menos que con todo si te atreves a ser tú mismo"

Capítulo 6. LA GRAN OBRA – CONGRESO MUNDIAL DE OCULTURA (DOCTOLOGIA)

"Algo para recordar"

En el Congreso Mundial de Ocultura se llevó a efecto el proceso integrador de todos los métodos de las distintas Escuelas de Desarrollo y el sistema Iniciatorio integral al Misterio de todas las edades, de los pueblos, de la escuela de la Vida.

El Iniciador Único de este período mundial Baba Maron Athos se plantea como Hermano y Amigo (Hermigo). Aunque protocolarmente debería recibir el título de Su Excelsitud, solamente utiliza el tratamiento simple y sencillo de Baba, o sea Padre, como cualquier otro sacerdote u obispo. Fue Aarón y posteriormente Juan el Bautista. Su legado y posición son los de "el Señor de la Segunda Venida" y no como la "Segunda Venida del Señor".

El postulado principal de su misión como Figura Central del proceso de la Implantación en la Tierra lo sitúa como El Iniciador Único. Como es una personalidad de sencilla grandeza, prefiere delegar honores en otros cofrades.

Antecedentes históricos de congresos mundiales y asambleas internacionales de religiones, creencias, teología, taumaturgia, profecía, parapsicología, antropología, literatura, historia, política y sociología en más de 36 países del mundo en sus cinco continentes.

Participación de Ponencias en el desarrollo del Congreso Mundial de Ocultura:

1 Introducciones
2 Proposiciones
3 Planteamientos
4 Acuerdos
5 Resoluciones
6 Directrices
7 Recomendaciones
8 Conclusiones
9 Definiciones, Manifiestos, Declaraciones
10 Implementaciones
11 Decretos/Bulas
12 Pronunciamientos y Legislaciones

**Estructura del Congreso mundial de Ocultura (Doctología) –
Arcana Enseñanza Iniciática de Ocultura Universalis**

Nosotros, a tenor de los ideales del Ocultismo Histórico, Mágico
y Filosófico, declaramos que:

1. Se constituye de facto y de iure por las organizaciones
participantes en el Congreso que de los acuerdos y resoluciones
emanados del mismo se defina que éste se convertirá en una
mancomunidad integrada por las Escuelas Esotéricas, Órdenes
Místéricas, Fraternidades Herméticas y Sociedades Secretas de
las 1012 instituciones representadas al más alto nivel por sus
legítimos dirigentes.

2. El Congreso Mundial de Ocultura se convertirá en un órgano
colegiado en el imperio del tiempo con carácter permanente y en
el imperio del espacio ubicado en su sede central en Odessa,
Florida, Estados Unidos de América.

3. El Congreso será dirigido por el Presidente Internacional,
cargo que ostentará el fundador de la Doctología, la Arcana
Enseñanza Iniciática de Ocultura Universalis, cuya posición será
vitalicia, un Consejo General que contará de un vicepresidente
organizacional, un vicepresidente ejecutivo y un vicepresidente
administrativo y nueve representativos de las Escuelas
Esotéricas, Órdenes Místéricas, Fraternidades Herméticas y
Sociedades Secretas que han participado en la celebración y
constitución del Congreso Mundial de Ocultura.
Reportar el legado universal de los doctrinas místicas,
místéricas, esotéricas y secretas de todos los tiempos y mostrar
la Tradición Gnóstica y secretiva de esta Humanidad, del mundo
oculto y del plano exterior.

4. Este Congreso y sus organizaciones consultivas y jerárquicas
surgen como un imperativo del desarrollo actual de las
instituciones que lo componen bajo la Suprema Autoridad del
Iniciador Único.

5. De las responsabilidades del Congreso.
Primero. Unificar los criterios en cuanto a la exposición
ideológica, filosófica, ética y estética de las Escuelas Esotéricas,
Órdenes Místéricas, Fraternidades Herméticas y Sociedades
Secretas.

Segundo. Establecer una sistematización de las comunidades iniciáticas, la colegiatura jerárquica y el mutuo reconocimiento de los grados y posiciones de los oficiales y funcionarios elegidos y/o designados.

Tercero. Interactuar con los diferentes códigos y legislaciones de las instituciones integrantes del Congreso.

Cuarto. Crear instrumentos políticos, económicos, religiosos, artísticos, científicos, tecnológicos y sociales a los efectos de la participación del Congreso en los diferentes aspectos de la sociedad y de la vida.

Quinto. Delinear la nueva instrumentación de los Grados Iniciáticos y proceder a impartirlos universalmente a todos los niveles.

Sexto. Constatar la dirección ejecutiva a nivel internacional con los cargos de: Oficial de Enlace, Controlador, Ecónomo, Director de Relaciones Públicas, Director de Información, Comunicaciones, Notario Jurisdiccional y las posiciones que se determinen como parte del organigrama del Congreso.

Séptimo. Combinar el Esquema de Formación Iniciática con la aplicación metodológica de la Arcana Enseñanza Iniciática de Ocultura Universalis que resume el pensamiento filosófico, histórico, e ideológico de las Escuelas Esotéricas, Órdenes Mistéricas, Fraternidades Herméticas y Sociedades Secretas. Establecimiento de la instauración de los métodos de desarrollo psíquico y espiritual a través de las Técnicas y Procesamientos de la Doctología.

Octavo. Disponer de los medios indispensables para el reconocimiento escalonado y selectivo de la Obra Cumbre del Iniciador Único y la implementación a nivel planetario de Su Mensajero.

Noveno. Reconocer los cambios actuales de la Gran Fraternidad Blanca y la instauración del Cónclave Iniciático Universal y realizar las modificaciones y cambios pertinentes a nivel mundial.

Décimo. Colaboración total y explícita al proceso planetario de la Implementación del Señor de la Historia.

Undécimo. Se presenta la Figura Central del Proceso de Implementación en la Sagrada Personalidad del Baba Maron Athos en su dual función de Señor de la Segunda Venida e Iniciador Único.

Duodécimo. Los estudiantes, iniciados y jerarcas del Congreso Mundial de Ocultura tendrán la categoría de miembro fundacional de esta institución y se les reconocerá el último grado alcanzado y los grados ulteriores de: Ilustrado, Enciclopedista, Académico y Doctólogo, con la categoría honorífica pertinente.

Decimotercero. Se vertebrarán las reglas y códigos correspondientes, los que se agregarán a la Carta Patente Constitutiva del Congreso.

Otrosí. Medidas transitorias: se derogan todas las normativas anteriores que no se hayan establecido en la presente constitución organizacional.

CONGRESO MUNDIAL DE OCULTURA (DOCTOLOGÍA)

Presidente Internacional Baba Sar Mar Profeta, Doctor Roberto Toca
Fundador

Vicepresidente Organizacional: Monseñor Pau Salomón Sans de Pipion

Vicepresidente Ejecutivo: Tau Nekuame Gruma

Vicepresidente Financiero doctor Dionisio Castelo Da Silva

Vicepresidente Administrativo: Abadesa Sol Ígneo

Nueve representativos de las Escuelas Esotéricas, Órdenes Mistéricas, Fraternidades Herméticas, Sociedades Secretas

Manifiesto del Congreso sobre el Desarrollo

1) La Evolución en los Universos y el Cosmos.
2) La Vida en la Tierra.
   Existencia después de la desencarnación.
3) Desarrollo Suprasensorial.
   Aceleración de la auto-realización.
   El destino y el karma, Karmarless y liberación.
4) Iniciación humana y cósmica.
   Actualización de los Poderes por el conocimiento.
   El ultra-biorritmo.
5) Contacto con otras inteligencias terrestres, ultraterrestres, intraterrestres, extraterrestres.
6) Pitonisas, Médiums, Clarividentes y Clariaudientes.
7) Implementación de los procesos.
8) Los fundamentos de la Arcana Enseñanza Iniciática de Ocultura Universalis. La exposición en la trilogía de la Doctología.
9) El método Teocéntrico y la habilidad. Llevarlos al límite posible, acelerado por la Doctología.
10) La liberación de la Reencarnación.
    Los mundos superiores.
    Los viajes astrales y la proyección psíquica.

Resolución Primera:
a) Las organizaciones representadas en el Congreso Mundial de Ocultura reconocen por aclamación (unanimidad) a la Arcana Enseñanza Iniciática de Ocultura Universalis como instrumento ético-ideológico que fundamenta el sistema de pensamiento y acción, historia y filosofía de las Escuelas Esotéricas, Órdenes Mistéricas, Fraternidades Herméticas y Sociedades Secretas enumeradas por el Baba Sar Mar Profeta.
b) Los integrantes del Congreso aceptan la Suprema Autoridad Jerárquica del Baba Maron Athos como Iniciador Único y Señor de la Segunda Venida tal y como versa la sentencia de la Sagrada Escritura: "Aquellos que lo reconozcan lo verán primero".

c) La Fraternidad Blanca en su renovada actualización a través del Cónclave Iniciático Universal.

d) El Congreso hace suya la determinación de mantener la secrecía y confidencialidad en todos los niveles de los órganos vinculados, dependientes, subordinados y constituyentes de este sistema de la Doctología y la Arcana Enseñanza Iniciática de Ocultura Universalis.

Recomendaciones sobre:

La mujer: en las iniciaciones y ordenaciones.

Condena unánime de:

La promiscuidad sexual y el uso y abuso de las bebidas alcohólicas, el tabaco y las sustancias estupefacientes. Las guerras y el terrorismo. Las armas de fuego. Se proclama contra la violencia en todas sus formas. Necesidad de educación, civilidad para combatir las injusticias oficiales y oficiosas. El mundo estará mejor con la abolición de los Estados dictatoriales y autoritarismos totalitarios. La utilización de niños y niñas en actividades ilícitas. Los Gobiernos ineptos, la prohibición de los partidos únicos en países totalitarios, comunistas o monarquías absolutistas son rechazados. La matanza de animales en vías de extinción en las selvas y en los océanos.

Manifiesta su preocupación y defensa de:
La ecología frente a la polución y la radiación. Necesidad de salvación ecológica del Planeta Tierra, su fauna, flora y todas las criaturas vivientes. Fomento de energías alternativas no dependientes, energías eólicas, y energías renovables.

Declaración del Congreso acerca de "el Gobierno Secreto del Mundo".
En todo el planeta Tierra han existido y existen sociedades secretas de diversas tendencias políticas, económicas y sociales.

Por cuanto:

Nunca en la Historia conocida ha tenido lugar el magno evento de inteligencias o "Think Tank", como al presente, con el objetivo de manipular a los políticos profesionales y sus respectivos partidos o agrupaciones de intereses. Nunca tampoco ha tenido la Humanidad del planeta Tierra peores gobernantes al frente de algunas llamadas Grandes Potencias y otros países "civilizados".

Por cuanto:
La declaración Política del Congreso plantea, exige y denuncia a los regímenes políticos de un solo partido que gobiernan,- o desgobiernan a su arbitrio y antojo -, los Jefes de Estado y Gobiernos que se auto eligen y, sin ninguna ética ni sentido de respeto a los seres humanos ciudadanos de sus países, prolongan indefinidamente bajo teatrales argumentos pródigos en falsedad sus posiciones políticas y los beneficios que exagerada y deshonrosamente obtienen sus familiares y cómplices en perjuicio de aquellos a los que deberían servir, o sea, a sus respectivos pueblos.

Por tanto:
Pedimos la convocatoria de un Tribunal de Justicia Política Internacional para que se proceda al enjuiciamiento y sanción de los delitos culposos y de culpabilidad.
El Gobierno Secreto y las sociedades secretas de índole político social deberán coadyuvar en este objetivo inmediato para la nueva emancipación de los países que sufren regímenes autoritarios, dictatoriales y tiránicos. Este Congreso se plantea del lado de los pobres, desamparados y víctimas del genocidio de los sátrapas que permanecen aún en el poder político de algunas naciones.

El Congreso se pronuncia en el ACUERDO POLÍTICO UNIVERSAL

Contra las guerras fratricidas, las guerras de conquista y la usurpación de territorios.
Se plantea la convocatoria de las instancias internacionales para condenar la proliferación de armas de destrucción masiva, la eliminación y prohibición de las fábricas de armamentos convencionales, su distribución y venta.

Este Congreso saluda la existencia y desenvolvimiento de fuerzas políticas amplias, abiertas y de carácter y contenido democrático y fomenta la pluralidad de partidos políticos diferentes en todo el mundo.

Denunciamos la brutalidad criminal policíaca de los que representan a las agencias represivas de los derechos políticos y humanos de las poblaciones de los diferentes países bajo yugo de tiranías.

Condenamos a los jueces, fiscales y magistrados que se prostituyen por dinero y prebendas, que en complicidad con algunos juristas impiden que se practique la verdadera justicia igualitaria y equitativa para todos los seres humanos.

CONCLAVE INICIATICO UNIVERSAL

SUPREMA GRAN LOGIA BLANCA DE AGARTHA EN SHAMBALLAH

"En el Nombre de la Tri-Sancta Sophia del Christo Gnóstico y del Paráclito. Por Abraxas. Amén."

A los Venerables Hermanos y Hermanas Dignatarios de las Escuelas Esotéricas, Ordenes Mistéricas, Fraternidades Herméticas, Sociedades Secretas y organizaciones metafísicas y parapsicológicas y las constituyentes de los Linajes Auténticos y Reconocidos en las Tradiciones Iniciáticas Antiguas y Modernas de la Para-Masonería en los Sublimes Ritos de Memphis y Mizraim, la Orden Oriental del Templo de Jerusalem, las distintas vertientes Rosacrucianas, Martinistas, Teosóficas, Teológicas , Antroposóficas, Cabalistas, Mágicas, Astrológicas y Alquimistas, se les hace llegar la presente

CONVOCATORIA

Al Primer Congreso Mundial de Ocultura de los tiempos modernos a celebrarse a partir del Verano del Año 2015 bajo los auspicios de la Abadía Ortodoxa Gnóstica en la Catedral de la Santísima Trinidad de la Iglesia Católica del Rito Antioqueno, Basílica de la Gnosis, en el marco del Proceso Planetario de la Implantación de la Reaparición del Señor de la Historia, el Cristo Gnóstico.

INVITACION

Por lo que se extiende a todos los convidados para autentificar nuestros respectivos linajes iniciáticos, categorías jerárquicas y objetivos mutuos a tenor de nuestro Código de Etica Mistérico y los fundamentos originales de la Creencia en Un Solo Dios en tres manifestaciones, la Santísima Trinidad (Elohim), la Augustísima Hueste de los Angeles, Arcángeles, Arcontes, Santos, y Maestros Espirituales, la Doctrina del Kharma (Destino) y Reencarnación, la Evolución de la Vida en el Universo y todos los conceptos ideológicos de la Cultura Ocultista terrestre, extraterrestre, ultraterrestre e intraterrestre.

En este Magno Evento se efectuará el intercambio de textos, ceremoniales e intercomunicación iniciatoria para todos los participantes de los grados iniciáticos de los que somos depositarios y garantes para la continuidad histórica de actuales y futuras generaciones.

CONSOLIDANDO

Los Principios de igualdad de géneros, la conservación y dominio de los correspondientes legados y su secrecía hacia el mundo profano, se instrumentalizarán los rituales, códices, enseñanzas, simbolismos y postulados para que todos participen del Summum Oculti, y de la elaboración, emisión y publicación de la Declaración Mundial de Ocultismo Histórico y Filosófico, la Doctrina Esotérica de los tiempos modernos y la promulgación del Directorado y Organigrama Auténtico y Legítimo de todas las Jerarquías institucionales reconocidas universalmente por el Primer Congreso Mundial de Ocultura de los tiempos modernos.

El Comité Ad Hoc elaborará el Pliego de temáticas y reglamentaciones a través de las ciber- Conferencias que se mantendrán como consorcio consultivo internacional hasta que se elija, instale y promulgue el Presidium (Presidencia Colegiada Internacional) en la sesión plenaria de clausura del Primer Congreso Mundial de Ocultura de los tiempos modernos.

La Comisión organizadora de este Congreso ruega a los Venerables Hermanos y Hermanas Dignatarios que comuniquen su intención de participar en el Primer Congreso Mundial de Ocultura de los tiempos modernos a los efectos de preparar las condiciones necesarias para la debida atención a todos los participantes.

Por las características de este Congreso no se permitirá ninguna cobertura periodística ni la presencia de personas o entidades ajenas o profanas. El Presidium que surja del Congreso publicará un documento con sus enunciados principales y la Declaración Universal del Ocultismo de los tiempos modernos para la sociedad, la religión, la ciencia, el arte y el libre pensamiento.

Con el ósculo de la paz del Demiurgo para todos los Fratres y Sorores, les hago llegar la bendición pontifical. En el profundo vínculo del Amor, la Sabiduría y el Poder.

"Que florezcan rosas sobre vuestra cruz"

CON DIOS TODO SIN DIOS NADA

Arzobispo Dr. Roberto Toca, O.H.O.
Su Beatitud Sar Mar Profeta
Primado Gnóstico Catholikos
Rex Iniciator Ordo Templi Orientis Antiqua / Fraternidad Rosa-Cruz

Alocución del Baba Maron Athos

Extractos del Cónclave fraguador de los Organismos del Primer Congreso Mundial de Ocultura de los tiempos modernos.

Amados míos, el Evangelio enseña que no se os llamaría siervos sino amigos. "Ustedes son mis amigos si hacen lo que yo os digo".

En el Año de la Fundación 2015 comenzaré un recorrido de peregrinación que en siete años me abrirá a toda la Tierra habitada para implantar la simiente de la Reaparición. Y será el Primer Congreso Mundial de Ocultura el hito inicial de este proceso planetario.

Solo los puros de corazón verán a Dios. La pureza mental y espiritual son necesarias para el proceso de encumbramiento espiritual y la liberación.

"No se le puede poner bozal al toro". Las políticas y diplomacias no cambiarán con los nuevos tiempos si los hombres radicalmente no cambiasen. Sin el Avatar o Maestro espiritual, por sí solo no puede cambiar el Hombre si éste no se cambia a sí mismo con la ayuda del Maestro.

Como se ha explicado "Soy el Señor de la Segunda Venida" y no la Segunda Venida del Señor. Por lo tanto los que pudiesen entender, comprenderán. "Aquellos que me reconozcan, me verán primero". Ellos alquimizarán su Karma personal y familiar por el auténtico Karmarless de la Emancipación.

Si ustedes quieren seguirme, llegar a ser mis discípulos y recorrer el sendero de la Liberación, el Amor y el Poder, sabrán a este punto de sus vidas lo que deben hacer. Cada uno que quiera seguirme deberá asumir su completa y autónoma responsabilidad para conmigo y la Hermandad Universal. "Nadie engaña al Demiurgo. No puede ser engañado. Lo que sembramos, recogeremos. El que conmigo no recoge, desparrama." El que no sublima su existencia la dilapida.

Los cambios se precipitarán y una nueva generación habrá establecido el fulgor de la Esperanza que se plasmará hasta el final del siglo.

No voy a implementar una Religión Mundial, no voy a unificar las religiones. Voy a incrementar el Valor y la Sabiduría de todas las religiones. Si se fuera a definir la doctrina mistérica del presente y del futuro sería por el carácter ideológico y místico de la Gnosis del Tercer Milenio. No hay Religión más elevada que la Verdad, la Religión Universal de la Sabiduría Divina.

Los designios externo (Yung Sang) e interno (Sing Sang), señalan a los seguidores que sirven al Gran Propósito de Luz y de Amor. Los discípulos que son únicamente escogidos por Mí son los que se han entregado totalmente en esta vida exterior y en el plano interno y que por sus cualidades y condiciones serán sellados con el signo de la Eternidad en el Libro del Absoluto-Abraxas.

La radiación ultrasolar y los rayos cósmicos atenuarán los contactos animálicos y alimentarán las corrientes energéticas del Mal.

Mi enseñanza tiene su basamento en la obtención de la facultad cognoscitiva de entender los tiempos y espacios que escapan a la percepción ordinaria. Con el proceso de Imposición del Cetro del Poder y la Bola iluminada se acelerarán los niveles de desarrollo que les permitirán lograr sus objetivos, esperanzas y anhelos. Quiero que mi enseñanza les procure felicidad y les provea de los instrumentos para alcanzar en esta vida y después el cúmulo de posibilidades de auto-realización y beneficios personales y planetarios. Gran parte del mundo sucumbirá y se desplazarán islas y continentes. Pero mis verdaderos discípulos aceptados e iniciados prevalecerán y no perecerán.

La gran mayoría de la gente va a la oscuridad del falso yo, a las absurdas interpretaciones de las doctrinas religiosas fanáticas y a la especulación inevitable sobre la problemática política y social irresoluble en las actuales vías de acción.

Si ustedes se salvan también salvarán a sus hijos y seres queridos. La aproximación a Mi Ser les protegerá y canalizará el Karma individual, familiar y nacional.

Generalmente es necesario lograr perfección en siete vidas para llegar a liberar el alma del yugo material. Durante el tiempo de la Reaparición se agilizará el factor tiempo-vivo y gestará en ustedes el cambio ontológico de la nueva realidad de la que llegarán a ser co-creadores.

Mi signo es ilustrativo del momento cósmico del primer cuarto del siglo XXI. Los Grandes Seres de este sistema y de otros se propagarán en el enardecimiento de la nueva clase de Homo-Sapiens, o sea, el ser resurrecto emancipado.

Mi enseñanza es la "Redención Actualizada" de una Doctrina Esotérica que sintetiza y hace simbiosis con la Ciencia, la Tecnología y el Fenómeno Extraterrestre. Por vez primera en la Historia Adámica, pre-adámica y cosmológica se instituye una Summa Total del conocimiento acumulativo de moléculas y galaxias.

Aprecio que entre los hermanos me designen como el número Uno, Avatar, Mensajero, Mesías, Maitreya, Bodisatva o Imán Madhi, apelativos que muestran la naturaleza de mi persona y mi enseñanza. Yo soy el Señor de la Historia, estoy cristificado para llevar mi Obra y Labor para el Planeta Tierra y esta Humanidad.

Ya les he dicho que "I'm nobody" (no soy nadie) y que cada uno de ustedes deberá transformarse en un mesías, un avatar. Los títulos y las dignidades son necesarios para elevar el nivel de responsabilidad de aquellos a quienes son otorgados pero no para colocarlos delante de nadie. El que se sienta superior que sea el más humilde. El más elevado que sea el mejor servidor.

Los Nueve Desconocidos de la tradición Hermética se instalan para ejercer sus objetivos: Impulsar el Plan de Dios que es la Evolución.

El camino de la inmortalidad, el conocimiento de la Verdad, el desarrollo de facultades superiores, estará reservado a los más comprometidos, los que se comprometan conmigo en mi actuación y los que renuncien a la banalidad y al egoísmo. Ustedes reinarán y dirigirán al mundo como baluartes del Liderazgo Planetario.

Mucho tengo aún por decirles y para ello nos volveremos a encontrar en el Cónclave Iniciático Universal. Mientras, que la Bendición del Padre de las Luces se quede entre vosotros.

La trayectoria del comienzo y el reclutamiento de los voluntarios que se destaquen por su abnegación, generosidad y compromiso, se instaurará con la Imposición el Cetro del Poder y la Bola Iluminada a los discípulos de este cenáculo.

Espero que cada iniciado en este Misterio Encumbrado alcanzará la Liberación.

Les envuelvo en mi Aura.

Con la Bendición del Ser Divino

Baba Maron Athos

IGLESIA ORTODOXA CATOLICA GNOSTICA

EPARQUIA AFRICANA

A mis fratres y sorores:

Saludos en todos los puntos del triángulo.

"La Luz Divina que llena el universo estará con vosotros en el nombre del Cristo Cósmico. Amén."

Por cuanto: cumpliendo el destino, estaré llegando al final de mi peregrinación humana. En el momento preciso haré el mahasamadhi para afrontar las nuevas misiones que la Jerarquía me asigna.

Por tanto: siguiendo la antiquísima tradición de los taumaturgos del privilegio que me asiste para designar a mis sucesores:

En uso de mis facultades y poderes, decreto: Por la presente Bula, Nombrar:

1) Al frente de la glamorosa obra en África a mi hijo espiritual Tau Nekuome Gruma como Exarca patriarcal de la Iglesia Católica Gnóstica Ortodoxa Africana, Director Nacional del Centro de Música Etnica Autóctona y Presidente de la Universidad Religiosa Metafísica.

2) Dirigiendo el Comité internacional y la presidencia colegiada del Congreso Mundial de Ocultura a Monseñor Ricard Nermernes Etay. Archivero superior de los Anales Arcaicos y Contemporáneos.

3) Al cargo de Patriarca Rosa Cruz de la Gran Logia Hermética Egipcia y Sumo Sacerdote de la Fraternidad Mkuu Africana al Metropolita Roberto Toca Medina, el cual extenderá su ministerio de Primado Gnóstico Católikos a nuestras jurisdicciones eclesiásticas autocéfalas africanas.

4) En la posición de Canciller de política internacional a Monseñor Pau Salomón Sans de Pipion, Relator del Nuevo Código de Etica Iniciático y Observador ante la U.N.E.S.C.O.

5) En función de Nuncio Interconfesional y Legado de las relaciones internacionales ecuménicas y religiosas al Pandit Sri Pradeshi Nagaryuna, el que representará a nivel mundial a nuestras instituciones ante las organizaciones no gubernamentales (ONGs).

Estos valiosos y sabios sucesores han sido debidamente aprobados por el mismo Baba Maron Athos en el instrumento de designación del Cónclave Iniciático Universal. La aceptación personal de los designados a estos cargos se incorpora en el addendum del presente decreto.

Corresponderá a estos cinco fratres que ipso facto se instalan de iure en sus respectivas asignaciones, el constituirse para la autentificación a nivel mundial de los grandes objetivos del Señor de la Historia en Su Proceso de Implantación.

Agradezco a todos mis colaboradores, ayudantes y servidores la nobleza, abnegación, generosidad y sacrificio que han sabido demostrar ante este servidor del Logos durante el largo período de tiempo del ministerio al que fui llamado por el Padre Sempiterno.

Pido humildemente perdón, excusas y disculpas por mi autoritarismo y en ocasiones intransigencia ante los criterios y actuaciones de mis cofrades.

Les encomiendo estas tareas para que las asuman con entusiasmo, dedicación e inteligencia, estando convencido de que las realizarán mucho mejor que este humilde servidor vuestro.

Igualmente expreso mi profunda consternación ante las epidemias en algunos países africanos que pueden extenderse a todo el continente. Habrá otros lugares y medios para convocar y efectuar eventos internacionales con la máxima seguridad para los participantes.

Ya que en este camino espiritual no existen despedidas definitivas les aseguro que adonde me lleve el Señor de la Vida, en las nuevas funciones que me esperan estaré siempre en plenitud a vuestra disposición.

Quiero enfatizar que no deseo recibir honras fúnebres ni homenajes cuando deje este cuerpo. Recordadme como lo que siempre soy y he tratado de ser, un sincero amigo y un fiel hermano.

Que la flamígera energía que les hago llegar desde este continente lleve consigo mi bendición inmortal.

"EL ÁFRICA NEGRA RESPLANDECERÁ CON SU PROPIA LUZ"

UPENDO WAO! (OS AMO)

Cúmplase este Decreto y Bula en todas sus partes como mi voluntad eclesiástica y testamento espiritual.

Eparca Patriarcal Tau Tsushumbe Tombé

Dado en la sede multinacional del Apóstol Tadeo el 7 de Febrero del Año del Señor 2015 E. V.

Nota del Editor: El Gran Maestro "Shombe" Tombé desencarnó y alcanzó el Plano Infinito el 8 de Febrero de 2015.

El Cónclave Iniciático Universal
ha convocado
y
efectuado
entre los días 14 al 18 de octubre del Año del Señor 2015
el Congreso Mundial de Ocultura
en el Valle de Génova en Italia

Durante las sesiones plenarias, comisiones de trabajo, pre-Congreso y conclusiones de este evento se procedió a elegir por unanimidad y aclamación a los órganos de gobierno y dirección de la entidad permanente que se denominará Congreso Mundial de Ocultura. Éste ente se compondrá de tres secciones: el Comité de Decisión que se integrará en una Pentarquía, o sea de cinco miembros que funcionarán en colegiatura;

El Presidente Internacional vitalicio fundador del Congreso Mundial de Ocultura el Arzobispo Dr. Roberto Toca.

El Vicepresidente Ejecutivo Tau Nekuame Gruma

El Vicepresidente Gran Canciller Monseñor Pau Salomón Sans de Pipion

El Vicepresidente Financiero doctor Dionisio Castelo Da Silva

La Vicepresidenta Administrativa Abadesa Sol Igneo

El segmento que agrupará a 77 miembros se designará como el Comité Secreto el cual recogerá el acervo Mistérico e Iniciático de las Escuelas Esotéricas, Ordenes Mistéricas, Fraternidades Herméticas, Sociedades Secretas, Organizaciones Rosacrucistas, Martinistas, Templarias, Co-Masónicas, Para-Masónicas, Grados Sublimes de Memphis y Mizraim, Asociaciones Orientalistas, Taumatúrgicas, Cabalistas, Teosofistas, Antroposofistas, de Cuarto, Quinto, Sexto y Séptimo Caminos, Iglesias Gnósticas, Metafísicas, Espiritualistas y sociedades de tradición secretiva arcana.

Por acuerdo unánime de todas estas instituciones y por designio de sus legítimos dignatarios se reconocen, intercambian y aglutinan todas estas ramas del Gran Secreto consagrando de conformidad con la Tradición de todas estas vertientes en la persona del ideólogo de la Gnosis del Tercer Milenio el Hierofante Iniciador Contemporáneo el Baba Sar Mar Profeta, el cual al recibir la Consagración Iniciática de manos del Señor de la Segunda Venida, el Iniciador Único, el Baba Maron Athos y de los Altos Dignatarios de las instituciones participantes de este Congreso Mundial de Ocultura, asume el cargo de Rex Imperator con su nombre místico de Tau Marón Orígenes, para uso único y exclusivo en las esferas Iniciáticas. Esta posición será de por vida con el derecho a escoger la sucesión.

El segmento denominado Comité de Acción será dirigido por Tau Nekuame Gruma y contará con la participación de 123 miembros y podrá ser aumentado en función de la Gran Obra a realizar.

Entre los Acuerdos, Resoluciones Iniciáticas y otros documentos del Congreso Mundial de Ocultura, se incluyen todos los textos de las sesiones plenarias y conclusiones, así como las declaraciones de los participantes, los altos dignatarios y el propio Iniciador Único el Baba Maron Athos.

El Congreso autoriza al Rex Imperator para que a su discreción incluya en sus libros el contenido apropiado de la producción literaria documentada de este Congreso Mundial de Ocultura.

De todo lo cual yo, el Gran Notario, doy fe.

Dado en el Serenísimo Valle de Génova, Italia en la fecha up-supra.

"Ad Majorem Dei Gloriam"

Frater Tau Agostino,
Gran Notario

MENSAJE DEL BABA MARON ATHOS A LOS BUSCADORES DE LA VERDAD EN EL CAMINO DE LA ARCANA ENSEÑANZA INICIÁTICA DE OCULTURA UNIVERSALIS

Trípoli (Líbano), 8 de Febrero de 2016, AD, EV

Amados hermanos de toda la Tierra habitada:

El llamado actual en este período de Implantación del Señor de la Segunda Venida está destinado especialmente a los que han sufrido, se han decepcionado y no han encontrado satisfacción en el mundo material. Es para los sacrificados, los generosos, los inegoístas.

La invitación es para que colaboren con nosotros y con otros que velan en este planeta por el cumplimiento de la Voluntad del Padre Celestial. A mi lado se halla en espíritu Tau Tsushumbe Tombé que, hace un año en el día de hoy, dejara el cuerpo físico. El Maestro "Shombe" continúa velando por sus discípulos, amigos y colegas.

Llego a ustedes como uno más de esta Humanidad. Mi único privilegio es haber podido abandonarlo todo para entregarlo todo. Mi autoridad procede de la Divinidad y no la impongo a nadie.

Una vez más declaro que no busco crear una nueva doctrina religiosa ni siquiera deseo aglutinar las diferentes expresiones de Fe. El objetivo mío es el del Logos, o sea la Divinidad Elohística que procrea y rige la Evolución.

Yo deseo adeptos a mi persona que sigan la Senda de la Verdad Suprema en la Arcana Enseñanza Iniciática de Ocultura Universalis. Nuestros seguidores han de ser iniciados en el sendero que lleva a la emancipación de las cadenas del mal, la ignorancia y el egoísmo, y por lo tanto han de cumplir sus Promesas y Juramentos.

Como integrantes del Cónclave Iniciático Universal aspiro a que nuestros discípulos se destaquen por su capacidad de conducir a otros menos preparados e ignorantes a hallar la Luz Infinita y colaborar con el Plan Cósmico del Demiurgo.

Cada uno de ustedes es un avatar en potencia, un mensajero de la Divinidad. El sacerdocio iniciático que deseo implantar ha de ser para todos, hombres y mujeres que aprendan las leyes de la existencia y vivan para realizar esta Gran Obra que quiero que sea también de ustedes especialmente los que hacen los votos del liderazgo al servicio de la Religión y la Ocultura.

Agradezco su veneración. Yo no les pido nada pero acepto y valoro su entrega. Si ustedes desean hacer reverencia a este Siervo del Altísimo, yo me someto también a venerar a la deidad que late en el interior de cada uno de ustedes y de todos quienes han logrado o buscan lograr la plenitud de la Presencia del Ser Universal y Divino. Lo más pronto que lleguen a conseguirlo más rápido será el proceso de liberación del Destino y de la Rueda del Renacimiento.

La Grandeza del Camino de la Doctología será su propia grandeza, la devota entrega al Ideario del Discipulado estará siempre amparada personalmente por este Siervo de todos ustedes.

Exploren su interioridad.

Retengan lo aprendido y pónganlo en acción.

Miren y vean en mí a este amigo que siempre estará con ustedes.

Les bendice con Amor Inmortal, Sabiduría Infinita y Poder Divino.

El Baba (Maron Athos)

133

"Los perdedores son los vencedores que no se frustraron porque la victoria significa resurgir triunfante de la derrota"

Capítulo 7. CUALIDADES PARA EL MEDITABUNDO

Con la certeza del que sabe me pronuncio con la autoridad que se me ha otorgado por el Innombrable para que declare y dicte, para que enseñe y guíe a los que han dejado sus muletas, rotas sus ruedas; a los que pisaron sin cadenas el suelo taraceado de pátina del orbe que ya no existe para andar como caminante que abre camino hacia un mundo nuevo sin esclavos ni dueños.

LAS CUALIDADES OBJETIVAS DEL DISCIPULADO EN LOS DIFERENTES NIVELES

Inicial Iniciación Iniciática

Grados: Oyentes, Neófitos, Probacionistas, Ilustrados, Enciclopedistas, Académicos, Doctólogos.

CUALIDADES PARA LOS OYENTES

(Parsimonia)

Capacidad de acción inteligente.

Sentimiento solidario fraternal al que lo merece.

Delicadeza y elocuencia prudente al declarar.

Valoración de la Fe con Esperanza de alto alcance.

Intuitiva percepción de la vida y sus productos.

Flexibilidad del pensar y producción intelectual.

Realización del ideario en la praxis.

Organizar los factores y usar las opciones.

Descenderán las experiencias vitales desde lo alto para lograr bellos impulsos.

Crear las circunstancias con el poder mental.

Optimizar el fruto del esfuerzo.

Preparar decididamente el hacer y el lugar.

Las cualidades contrarias a los 7 pecados capitales:

contra envidia, caridad	contra pereza, diligencia
contra lujuria, castidad	contra ira, paciencia
contra avaricia, generosidad	contra gula, templanza

contra soberbia, humildad

y además,

contra odio, amor

contra traición, lealtad

contra mentira, verdad

contra calumnia, sinceridad

Virtudes Cardinales: prudencia, justicia, fortaleza y templanza.

Virtudes Teologales: Fe, Esperanza y Caridad.

CUALIDADES PARA LOS NEOFITOS

La recomendación del Padre y Maestro se resume así:

"No caigas en la inercia mental.

Rompe el encadenamiento del hacer sin saber.

Deja el entrampamiento de la insuficiencia del mundo material.
Sal de la ignorancia, encontrando el conocimiento (Gnosis).
Entra en la escala superior por el Poder de tu Voluntad
(Thelema).

Satisface solo a tu Ser Yo Soy, o sea, la Chispa Divina que mora en el interior de la individualidad.

Y en definitiva, vive naturalmente. Ser discípulo significa tener disciplina".

Si tiemblas de miedo es porque estás sensible. Si logras valentía es por no temer al destino.

Aléjate de los focos de tristeza, incomprensión y falsedad.

Refléjate en tu espejo y no en el ajeno. No confundas crudeza con dureza ni misericordia con cobardía.

Aprende a soñar con lo imposible para que llegues a crear en lo posible tu propia realidad.

Por fortuna de la vida logra alcanzar lo que vale, desechar lo inicuo y apartarte del mal.

Procura estabilidad para que no haya fluctuaciones en tu acceso al Poder.

Cumplir el deber ajeno es más peligroso que estar desnudo en la batalla. Incumplir el propio deber es descender a la nadidad.

Quien no te da paz, alegría y sabiduría, no te da todo lo demás.

El análisis es el antídoto de la falsedad, del engaño y la mentira. Lo mejor para los volubles, falsos y mediocres es ofrecerles sus mismas aptitudes y comportamiento.

Si simulas, te anulas. El que sigue siendo bueno con el malo no deja de ser bueno con el bueno.

Te manipulan los que te cortejan. El halago que halaga tu vanidad te sume en la mediocridad.

La verdadera felicidad depende de lo fieles que seamos con nosotros mismos integrados: Dios, el Espíritu, el Amado.

CUALIDADES PARA LOS PROBACIONISTAS

Poner a Dios primero. Cumplir Su Voluntad al acudir a la Iglesia, participar en la Eucaristía y vivirla con humildad y devoción. Concientizarnos en que solamente nos llegará la salud, la prosperidad, la paz y el amor si obramos con lealtad hacia el Cristo Gnóstico y nuestro Padre y Pastor. Revisar diariamente nuestra vida antes de dormir y analizar los eventos y acontecimientos que nos enseñan el Misterio de la Existencia. Recordar siempre que no estamos solos. La Luz Divina nos guía cuando sabemos emprender el Camino.

CUALIDADES PARA LOS ILUSTRADOS

"Apoteósica Renovación" (Restauración profunda)

Comienzo y continuidad con entusiasmo visionario.

Emocionalidad compatible con discernimiento.

Expresión discreta y elocuencia audaz.

Apertura de los canales de expansión y alcance ilimitado.

Capacidad intuitiva en la interrelación humana.

Adaptabilidad conservando la propia idiosincrasia.

Visualización de la acción a realizar para alcanzar el éxito.

Optimización de los elementos a mi disposición.

Revitalización de la experiencia de universalidad.

Utilización de opciones y aprovechamiento de oportunidades.

Entonamiento del temperamento con el ser-real.

Imaginería y creatividad con los recursos vitales.

Lema: En el séptimo año del futuro, el presente vuelve a empezar.

"Por medio de la devoción a Dios se alcanza el conocimiento de Dios"

"Amistad – Armonía – Amor"

Una y otra vez, trata, intenta y haz todo. En lo posible, flexible. Esta capacidad de "hacer" te producirá espiritualidad.

Tu ideal fundamental ha de colocar el concepto de Dios por encima de todo. La lealtad para con el Altísimo y tu responsabilidad ante el Plan Divino serán la tónica que dinamice tu vida.

Para que tus experiencias enriquezcan tu denodado esfuerzo, aprende a pensar y a reflexionar.

Creando las condiciones previas aprovechamos mejor la ocasión de edificar sobre bases seguras.

Para los que anhelan la quietud, la tranquilidad y la ecuanimidad, tened presente que muy triste modo de traer la guerra es obstaculizar el proceso de paz.

No te encierres en los barrotes de las circunstancias y busca en tu interior la capacidad de ser auto-determinado y no automatizado como los demás.

El alcance de tu memoria debe llegar más allá de los confines del recuerdo de esta existencia.

Si en la octava biorrítmica algo descendiera, súbelo nuevamente con el poder que está en ti: Con la voluntad y la iniciativa, con el pensamiento y la acción.

Mirando al exterior solamente para andar. Visualizar el entorno de adentro y de afuera para avanzar. Domínate para crecer en tu interior.

Discernir con precisión entre la oportunidad y opción "te procurará" la consecución mejor de tus anhelos.

Controlar el sentimiento, favorecer la emoción, observar la sensación y lograr la satisfacción. En esta emocionología consiste el temperamento creativo y el carácter que se regocija en la propia idiosincrasia del Ser Real.

Al pronunciar los valores del recuento, recapacitar y prepararse para que comience en tu individualidad una renovada etapa del "volver a empezar".

Aprender a respetar las promesas, a cumplir la palabra dada, a crucificar la propia personalidad en el altar del sacrificio. La soberbia, la jactancia, la autosuficiencia, la irresponsabilidad y la crítica de los demás encubriendo las propias faltas es totalmente inoperante para el discípulo que anhela la liberación de la rueda de los renacimientos, la cesación del sufrimiento y la plena realización espiritual.

Sabed que los grados resultan en peldaños de oro para llegar al Templo de la Sabiduría Divina, por lo que los 32 grados probacionistas que llevan a la edad del Redentor, 33 años, simbolizan la estatura del varón o la mujer perfectos en Cristo, creciendo en estatura, en sabiduría y en gracia ante Dios y los hombres.

No es absolutamente posible la salvación sin la entrega total al Padre Celestial, por la intercesión de Jesucristo, el Único Mediador entre Dios y los Hombres. No es absolutamente posible lograr Sabiduría Esotérica y Poder Real sin antes humillarnos en el sacrificio personal.

Advertencia Final:

"Quien no practique con tenacidad estos principios espirituales, gnósticos y esotéricos, nada tiene que hacer en el sendero de una Escuela Iniciática"

CUALIDADES PARA LOS ENCICLOPEDISTAS

"Con Dios todo sin Dios nada"

Lema: Cambio lo que quiero y lo que quiero cambio

(Discernimiento operacional)

No excederse en satisfacer a nadie pero mantener una exquisita y dulce amabilidad.

(Desapasionamiento actuante)

Transmitir el amor y la compasión de Cristo con la seriedad y serenidad del monje ortodoxo y la ejecutividad del triunfador empresario.

(Conducta mística)

Adaptabilidad y potenciación de los factores de interrelación sin perder la perspectiva de lugar y tiempo, brillando en el sitio donde estoy.

(Actitud hermética)

Intrepidez en el desapasionado manejo de la praxis y la reflexión sosteniendo el silencio, la solemnidad y la soltura. Relajamiento ecuánime.

(Fortaleza interior)

Superar las limitaciones y erradicar los obstáculos. No repetir acciones innecesarias. Desprecio sosegado en la comunicación insustancial. Evitación de expresiones afectivas exageradas.

(Magisterio mágico)

Desconfianza de la gente vulgar, no esperando ni deseando, utilizando los recursos vitales para propósitos elevados.

(Profesionalismo epistemológico)

Alejarme, apartarme y arreglar mi presencia en concordancia con la intuición y la perspicacia de la malicia y picardía de los entes inferiores. No comprometer mi acción y medios con lo que no vale ni es valioso.

(Iniciativa intuitiva)

No saturar ni saturarme. Ejemplificar la serena expectativa, la diligencia sagaz, la indiferencia y la hidalguía ante las metas alcanzar.

(Control integral)

Incrementar el tiempo vivo en lo creativo y profesional.

(Proyección espiritual)

Consistente apreciación de la proyección de mi imagen, evitar juegos y actitudes de confianza con la gente.

(Iluminación activa)

Deliberadamente obrar en la consolidación de la Gran Obra.

(Devoción al ideal)

Hacer de mi existencialismo esotérico un modus vivendi y una dinámica y sedada paz y ecuanimidad en los logros alcanzar.

CUALIDADES PARA LOS ACADEMICOS

"Aquellos que lo reconozcan lo verán primero"

Refinamiento solemne flexible y discreto.

Invulnerable serenidad dinámica.

Secrecía y parsimonia activa y penetrante.

Elegancia ética y estética en el obrar, hablar y plantear.

Iluminación con ejecutiva seriedad.

Magistralidad

Dignidad en el modo de actuar.

Poderosa elocuencia con inteligencia esotérica.

Intuición organizada a todos los efectos prácticos y místicos.

Rápida percepción y respuesta ágil, hábil y discreta.

Actualización de los principios básicos y elevados en la acción.

Visualización presente y futura para el logro de objetivos.

CUALIDADES PARA LOS DOCTOLOGOS

Lema: Corre ve y diles que el Señor viene pronto. Maranata.

Con su sabiduría el Mago se sobrepone a todo y cuando sabe que no está ganando, con su poder cambia las reglas del juego y vence.

Dignificación de la superioridad mental y espiritual.

Cuidado extremo, diplomática discreción, distinción y desconfianza en el trato con la gente vulgar.

Silencio pronunciado, pronunciando el Silencio en presencia del Maestro.

Precaución antes que desilusión con las actitudes de los inframentales.

Cambiando lo inevitable para que permanezca lo deseable en la vida de interrelación humana.

Calibrar mentalmente a los demás.

El Yo (yoes) como ilusión del Ser para no confundir la Senda que lleva al Ser Real.

Vivencia pontifical (con todo lo que conlleva) para los Taumaturgos Hierofantes.

Si no quieres decepcionarte no esperes prudencia en los que no están preparados.

No confiar ni siquiera en lo mínimo impedirá la frustración en grande. No dar ocasión al mal en ningún aspecto.

Dejar obrar a Dios antes que todo y en el principio de mí mismo ante las circunstancias y la gente.

Fuerte serenidad en las horas más difíciles.

La grandeza de la decisión en medio de la angustia.

Exquisito desprecio para los soberbios, altaneros y arrogantes.

Presumir que la gente es inteligente no es algo inteligente.

Los necios piensan que los demás son tontos.

El que es bueno con el malo, es malo con el bueno.

Lo que no perjudica, beneficia.

La señal más importante es la primera.

Así como la prudencia es madre de virtudes, así también la ignorancia es madre de errores.

Entre la memoria y la existencia está el Yo que perdura más allá de la ilusión.

Desde la pasarela del tiempo no hacer concesiones al desdén o a la frivolidad.

Aunque te halague el halago, el agradecimiento es escaso.

El sabio prevalece por su sabiduría y no por su argumentación.

En resumen, estas cualidades integran en el Discipulado de la Arcana Enseñanza Iniciática de Ocultura Universalis la adecuada capacitación que convierte al Iniciado en un Maestro de la Vida Interior.

"En los humanos comunes, las hormonas son más activas que las neuronas"

Capítulo 8. DEL OCULTISMO A LA TEOSOFIA Y VICEVERSA

El Ocultismo y sus enunciados históricos

Mi testimonio personal se basa en mi propia experiencia como Iniciado en las tradiciones Rosacruces, Martinistas y del Ordo Templi Orientis Antiqua desde mi primera juventud, y por el ingreso en la Sociedad Teosófica a los 16 años de edad y en la Escuela Esotérica de Teosofía a los 18 años (o sea, tengo al presente 55 años de iniciado en la Sociedad Teosófica y 53 años en su Escuela Esotérica). Esto proporciona un conocimiento de primera mano de las instituciones ocultistas.

En junio 13 de este año 2016 se cumple el cincuentenario de mi ordenación sacerdotal, por lo que deseo en esta conmemoración mostrar al mundo algo de lo aprendido para que sirva a los que se interesan o profesan la Ocultura, es decir Los Cultos Ocultos y la Cultura de Lo Oculto.

En el Breviario del Meditabundo indico las claves de un camino de desarrollo que a mí me ha llevado a comprobar todas las tesis del Esoterismo. Las técnicas que muestro en este libro, los ejercicios, los temas de reflexión, el relato de Shamballah y el contacto con inteligencias superiores, son totalmente posibles de realizar si se siguen las enseñanzas de las Escuelas de Misterios y se tiene el privilegio de avanzar en el sendero espiritual con los Maestros que me ayudaron a llegar tan alto por ir con Ellos "sobre hombros de gigantes".

En mis libros anteriores "Cultos Ocultos" y "La Clavícula de Ocultura" expuse ampliamente la Historia, Rituales y características de las diferentes Escuelas Esotéricas, Órdenes Místéricas, Fraternidades Herméticas y Sociedades Secretas así como las filosofías e ideologías que las sustentan.

El ocultismo procede de otros sistemas planetarios desde galaxias y universos lejanos y cercanos. Llegó a la Tierra con la raza Hiperbórica (Ártico hasta Groenlandia) y se extendió en las razas Lemuriana y Atlante hasta llegar a la Historia oficialmente conocida.

El texto esotérico más antiguo es la Tabla de Esmeralda de Hermes Trimegistus. El esoterismo se propagó en Oriente y Occidente, hasta Christian Rosenkreutz y el Conde de Saint Germain.

En 1875 fue con Helena Petrovna Blavatsky, la insigne fundadora de la Sociedad Teosófica y la Escuela Esotérica de Teosofía y escritora de "La Doctrina Secreta", entre otros importantes libros, que el Ocultismo se convirtió en la Teosofía. Indudablemente el más auténtico sistema filosófico ocultista fue el que llegó hasta Blavatsky. Luego de la desencarnación de Madame Blavatsky (Upasika) sus discípulos y algunos líderes teosóficos transformaron el genuino esoterismo en la amalgama de sociedades, asociaciones, logias e instituciones que llegan hasta el presente.

La adulteración del ocultismo -y también de la teosofía- fue orquestada por algunos que por ansias de poder, por beneficio personal, por arrogancia e ignorancia del verdadero ocultismo y por procederes escandalosos devino en lo que a continuación refiero. Relataré aquello que en las sesiones del Congreso Mundial de Ocultura celebrado en el año 2015, fue considerado oportuno dar a conocer a un público extenso y heterogéneo, a las personas versadas en esoterismo así como a profanos de estas enseñanzas.

Mis colegas han asesorado mi trabajo y con celeridad me aconsejaron sobre temas vinculados a escándalos financieros y organizacionales que ocurrieron en Estados Unidos de América alrededor de 1990. Por lo tanto a esos asuntos en particular me voy a referir muy someramente.

Para una mejor comprensión del lector, presento una panorámica escueta pero precisa de cómo después de la desaparición física de Madame Blavatsky empezó el periodo degenerativo en algunas instituciones y quienes lo propiciaron.

No voy a emitir ningún juicio temerario pero les ofrezco estas informaciones para que el audaz investigador de las situaciones que acontecieron tenga un elemento referencial para escudriñar la verdad. Voy a abrir una puerta para que entren y para mejor percepción me he quitado de en medio. Así podrán entrar y ver con facilidad. Aunque he de advertirles que después limpien sus fosas nasales, ya que el hedor apesta.

El análisis de la problemática actual del ocultismo requiere antes que todo, remontarnos a los inicios de este sistema de pensamiento. La ideología del ocultismo procede de Hermes, el Tres Veces Grande, y se basa fundamentalmente en la Tabla de la Esmeralda, obra que especifica toda una serie de comportamientos que ocurren en el hombre, en la naturaleza y en el universo y que explicitan en qué forma nos desenvolvemos, cómo podemos llegar a progresar, cómo se pueden establecer en nosotros formas existenciales más elevadas o de qué modo el ser humano puede simplemente vivir una vida mediocre. Aquellos que han tratado de vivir más allá de la existencia condicionada han aprendido a pensar. Y pensando, el ser humano llegó a elaborar formas estructurales de pensamiento que se convirtieron en sistemas filosóficos, ideológicos, religiosos, artísticos, técnicos, científicos y de toda índole. El Ocultismo es un producto social, un producto psicológico y a la vez una derivación de una fuente de existencia superior.

Pero para entender bien el ocultismo debemos ser conscientes de que a lo largo de la historia desde Hermes hasta nuestro tiempo actual, una serie de exponentes han ideado formas para hacer más fácil que el buscador de la verdad entienda esta ideología. De todos ellos destaca una personalidad muy interesante: Madame Helena Petrovna Blavatsky, fundadora del movimiento Teosófico moderno y también de la Escuela Esotérica de Teosofía. Ella formuló una serie de conceptos que se plasmaron en sus libros: "La Clave de la Teosofía"; "Isis sin velos"; "Por las grutas y selvas del Indostán"; "La Doctrina Secreta" y muchos otros. Su obra literaria llegó a permear totalmente lo que iba a hacer el Ocultismo a partir de ella. También ella presentaría al mundo la idea de los llamados Maestros de Sabiduría, Seres que alcanzaron la inmortalidad después de haber vivenciado estados de conciencia más elevados llegando a la liberación de la rueda del renacimiento. Esto les hacía convertirse en Seres Superiores a los que, cuando enseñaban, se les llamaba Maestros.

El concepto de los Maestros divulgado por Blavatsky, no es exactamente la idea de los Maestros que devino después. Annie Besant y Leadbeater, continuadores del movimiento Teosófico después de la desencarnación de Madame Blavatsky, aplicaron a la enseñanza de la Teosofía y del Ocultismo moderno una pedagogía o sea una forma masiva de interpretación vulgarizada, haciendo mucho más comprensible para las masas estos conceptos. Pero se pagó un alto precio ideológico cuando descendió el nivel de esa comunicación elevada patente en Madame Blavatsky y en algunos otros grandes filósofos de la primera época de la Sociedad Teosófica, muchos de los cuales después se escindieron, o sea se separaron del movimiento fundado por Helena Petrovna Blavatsky y por el coronel Henry S. Olcott. Entre ellos podemos señalar de forma más destacada a Franz Hartman, Max Heindel, Rudolf Steiner y también otros de menor categoría en los Estados Unidos de América y en Europa.

Fue con el Obispo Charles W. Leadbeater y con la doctora Annie Besant que el movimiento Teosófico moderno se fortaleció y extendió pero perdió calidad. Uno de los momentos más álgidos fue cuando Leadbeater, caminando cerca de una playa de Adyar (India) donde en aquel entonces y todavía sigue enclavada la sede internacional de la Sociedad Teosófica, encontrara a unos niños jugando. Entre ellos, uno le llamaría profundamente la atención, Jedu Krishnamurti. Él estaba con su hermano Mityananda. Hay que decir que era un grupo de niños pertenecientes a una familia de muchos hijos y Jedu Krishnamurti no se destacaba demasiado, ni nunca lo hizo desde el punto de vista académico, pero llamó la atención (quizá por su mirada, quizá por algún otro factor endocrino) del Obispo Leadbeater. Lo cierto es que Leadbeater cuando ese día retornó a la sede internacional de la Sociedad Teosófica le dijo a Annie

Besant que había encontrado al vehículo, a quién podría ser el canal del Avatar. A partir de ese momento Leadbeater, que según se dice, tenía al parecer inclinación hacia la pedofília, empezó a tratar más profundamente a Jedu Krishnamurti, a enseñarle, a vincularlo al movimiento Teosófico y lo mismo hizo Annie Besant con él. Trataron de formarlo o deformarlo. De una o de otra manera quisieron convertirlo y lo convirtieron en el expositor y el canalizador de un personaje al cual ellos llamaron el Instructor Mundial, que podría asociarse con la idea de Maitreya, el Bodisatwa o con cualquier otro personaje que representara a un Avatar o sea a una Encarnación de la Divinidad.

En aquel tiempo tanto Madame Blavatsky (que ya estaba fuera del mundo material porque había fallecido) como los otros fundadores originales de la Sociedad Teosófica, estuvieron ausentes de todo ese proceso. Unos porque estaban físicamente fuera de este mundo, otros porque nunca hubieran participado de una componenda que llegó a convertirse en una de las farsas más elaboradas que habido dentro de estos sistemas de pensamiento asociados a veces con el Ocultismo porque están vinculados a él pero que están muy distantes de lo que es el Ocultismo original y tradicional y de la esencia de la enseñanza esotérica.

Comenzaba en la historia moderna del Ocultismo el derroche de la falsedad resultado del intento de Annie Besant y Leadbeater de convertir a Jedu Krishnamurti en vehículo del Avatar (o si se quiere, en el Avatar mismo). Esto tuvo como consecuencia que surgieran una serie de movimientos encontrados los unos contra los otros. Hubo un desperdicio de fuerza, una amalgama de diferentes energías que yo no vacilo en calificar de demoníacas como consecuencia del fenómeno de Krishnamurti, en su momento cumbre, cuando llegaron a endiosarlo y a pronunciar frases relacionadas con él que da vergüenza repetir. Durante todo ese proceso hubo personas ingenuas pero bien intencionadas, que quisieron ayudar a este supuesto "instructor mundial" a cambiar el mundo. El caso es que Krishnamurti en aquel entonces era un joven lleno de energía y de entusiasmo pero desconocedor del ocultismo ya que no había leído ni "La Doctrina Secreta" ni se interesaba en la historia del Ocultismo, ni siquiera tenía cualidades de buen estudiante. En la Universidad se le habían presentado una serie de oportunidades que supo aprovechar en el sentido más práctico para su beneficio. En el momento en que Leadbeater y Annie Besant quisieron utilizarlo más allá de lo que su sentido de la propia conveniencia le indicaba, él tranquilamente disolvió aquella organización que había creado para él: La Orden de la Estrella de Oriente. Desechó lo que no quiso y se quedó con el máximo que podía retener.

En la vida de Krishnamurti tuvo gran importancia un individuo asociado con él, de nombre Desikacharya Rajagopal, su director de marketing, la persona que llevaba la administración de sus conferencias, de sus actividades, de la publicación de sus libros, que era también el esposo de la mujer con la que Krishnamurti tendría un affair o sea, una relación extramatrimonial que duró más de 25 años. Ella era la señora Rosalind Rajagopal y, su marido o bien conocía la existencia de esta relación extramatrimonial entre ella y Krishnamurti y la toleró por un cuarto de siglo; o bien no le importaba, e incluso se ha especulado con un *ménage à trois*. De cualquier manera, fue totalmente bochornoso y la realidad acerca de Krishnamurti fue descubierta por algunos y opacada por otros, mientras hubo quienes trataron de dar al affair interpretaciones totalmente ajenas a la verdad. De cualquier manera, una gran cantidad de personas en todo el mundo no tuvieron acceso a la información de estos hechos y eventos hasta que la única hija de la señora Rosalind Rajagopal, una vez muerto Krishnamurti y fallecida su madre, escribió un libro en el cual expresa, expone y dedica a la verdad una serie de capítulos en los que muestra al verdadero Krishnamurti.

Abundando sobre este tema, a fin de comprender mejor este fenómeno de degradación filosófica, Jiddu Krishnamurti, nacido en Mayo de 1895 y fallecido en Febrero de 1986, es recordado como conferenciante y escritor indio que escribió acerca de temas espirituales y filosóficos. Krishnamurti enseñaba la importancia del autoconocimiento en oposición a los condicionamientos sociales religiosos y a cualquier tipo de enseñanza religiosa convencional y también a los gurús o líderes espiritualistas. ¿Pero cuál es la verdad de Krishnamurti? Una frase muy conocida de él es: "yo fui ateo hasta que me di cuenta de que era dios". La mayoría de los seguidores de la Sociedad Teosófica y de los seguidores de Krishnamurti en particular, no son conscientes de la gravedad de esta declaración. La enseñanza de Krishnamurti es atea fundamentalmente, una ausencia absoluta de la Divinidad.

A partir de su "descubrimiento" Krishnamurti y su hermano Nityananda fueron criados por los teosofistas a pesar de que su padre interpuso una demanda judicial contra la Sociedad Teosófica. A insistencia de Krishnamurti, preocupado por la tuberculosis de su hermano, Leadbeater y Annie Besant le prometieron que los Maestros no permitirían que su hermano muriera. Sin embargo, el fallecimiento temprano de Nityananda en 1925 tuvo como consecuencia la pérdida total de confianza de Krishnamurti en la Sociedad Teosófica llevándolo en 1929 a disolver la Orden de la Estrella del Oriente públicamente y a su ruptura con la Sociedad Teosófica.

En 1922, Rosalind Edith Williams había conocido a Jedu Krishnamurti y a su hermano a través de la aproximación de su familia a la Sociedad Teosófica, desarrollando nexos afectivos muy fuertes con ambos hermanos con los cuales convivió primero in Ojai, viajando con ellos por Europa, India y Australia. Según el relato de la hija que posteriormente tuvo, Rosalind y Nityananda estaban enamorados y ella habría quedado muy quebrantada afectivamente por su fallecimiento.

En 1927 Rosalind contrajo matrimonio con Desikacharya Rajagopal en Londres en una boda "organizada" por Annie Besant, la cual favorecía este matrimonio. Como ya dijimos, Rajagopal era amigo personal y también fue editor de Krishnamurti. Según ciertas fuentes, Rajagopal había sido un protegido de Leadbeater que lo consideraba la reencarnación de San Bernardo de Clairvaux. Era un estudiante brillante y el liderazgo de la Sociedad Teosófica le asignó su función al lado de Krishnamurti. Junto con su esposa Rosalind fue encargado por Annie Besant de cuidar a Krishnamurti y sus intereses tras el fallecimiento de Nityananda. Los tres vivíeron muy próximos en Ojai, California, desde finales de 1920 hasta comienzos de 1960. Rosalind Rajagopal fue directora por largo tiempo de la Escuela del Valle de la Felicidad en Ojai, California, Estados Unidos de América, fundada por ella en 1946 junto con Jedu Krishnamurti, Aldus Huxley y Guido Ferrando.

La infelicidad de Rosalind en su matrimonio después del nacimiento de su hija Radha en 1931 llevó al distanciamiento del matrimonio. Según Radha Rajagopal Sloss las relaciones sexuales entre su padre y su madre habrían terminado tras el nacimiento de Radha. Ella ha afirmado que Krishnamurti y Rosalind comenzaron una relación secreta amorosa y sexual en la primavera de 1932. Nada se dijo por décadas sobre este tema relevante dado que expresa las discrepancias entre el Krishnamurti idealizado, iluminado y casto y su naturaleza humana. El problema no es tanto un cuestionamiento de su aspecto humano que obviamente implica la aceptación de su sexualidad, sino la hipocresía de su relación con una mujer casada y además esposa de su más cercano colaborador. Aquí reside la gravedad del cuestionamiento moral de una actuación absolutamente hipócrita, aviniéndose a convencionalismos sociales en evitación de un escándalo.

Mayor gravedad aún encierran las afirmaciones de Radha Rajagopal de que Rosalind fue obligada por Krishnamurti a abortar los tres hijos engendrados con él en tres diferentes ocasiones, secreta e ilegalmente, poniendo su vida en riesgo por la falta de recursos médico-técnicos de aquellos tiempos, con el consiguiente trauma emocional que ello representó. Resulta muy difícil compaginar semejantes eventos con la idea utópica de la supuesta iluminación de Krishnamurti.

La relación del matrimonio Rajagopal culminó en un divorcio en los años 60 tras el largo affair amoroso de Rosalind y Jedu Krishnamurti descrito en detalle por su hija, que duró más de 25 años, el cual también terminó de forma nada amigable por las sospechas de Rosalind acerca del enamoramiento de Krishnamurti y otra mujer llamada Nandini Mehta, a quien Krishnamurti había conocido en 1947 y que desde entonces había sido muy cercana a él.

Dejando a un lado el ateísmo de Krishnamurti, pues cualquier persona tiene derecho a creer o no creer en Dios, lo objetable es que se haya aprovechado del aparataje que otros montaron para servirse de él planteándose como un líder espiritual. Lo auténticamente deleznable es la utilización de un sistema de pensamiento para su conveniencia, la prostitución que se hizo de ese sistema, o sea del Ocultismo, y la forma en que tranquilamente Krishnamurti desdeña esa filosofía oculta, ese conocimiento de aquellos Grandes Seres, de los Maestros de Sabiduría. Los escritos de Krishnamurti podrán tener un determinado valor, producto de una composición realizada por él y por los que le ayudaron en el negocio del marketing de sus libros, pero distan mucho de la psicología en el sentido más elevado o de algo que se parezca remotamente a la Teosofía.

¿Qué pasó después con Krishnamurti? Siguió su vida, ofreciendo conferencias, y terminó con problemas con la señora Rosalind Rajagopal y con el propio Rajagopal, y finalmente los tribunales de Justicia tuvieron que solventar sus conflictos financieros, repartiéndoseles a cada uno lo que los jueces consideraron en aquel momento y bajo aquellas circunstancias, meritorio repartir. Todo resultó en un bochorno pero cuando algo pasa hace tanto tiempo, los juicios tienen lugar en países lejanos y no se da publicidad a lo que se trata de opacar, la gente común y corriente sigue desconociendo esos hechos. En consecuencia, algunos continuaron durante cierto tiempo rindiéndole culto a la personalidad de Krishnamurti, que puede tener el valor que se le quiera dar, pero que es uno de los exponentes más notables de lo que fue el desastre de la Teosofía durante los primeros 30 años del siglo XX.

Mientras que Krishnamurti se refugiaba en su cómoda vida y continuaba viajando y dando conferencias, en los Estados Unidos y otras partes del mundo, algunos como por ejemplo Mr. Ballard, Jedi y unos cuantos más, continuaron usando el término Maestros y supuestas cartas de los Maestros y fotografías de las figuras de estas grandes personalidades. Con el tiempo se diseminaron y se difundieron muchas de estas fotografías, supuestas cartas y enseñanzas que iban desde el Conde de San Germán hasta el Maestro Moria y continuó la falsificación de la enseñanza de los Maestros. Esto fue lo más triste de este proceso. Elizabeth Clark Prophet, la viuda de Mark Prophet, continuó la obra de su marido extendiendo lo que ella llamaba la enseñanza de los Maestros Ascendidos. Nada peor en el camino de todos estos asuntos relacionados con la post Teosofía que esta supuesta enseñanza, vulgarización y por supuesto, defenestración de lo que es la enseñanza del Ocultismo. En nuestros días en muchas partes del mundo continúa la flagelación del Ocultismo verdadero y algunos expositores, usando el más elevado intelecto, han producido importantes libros, otros se han copiado los unos de los otros. Hay que tener en cuenta que muchos de los escritores que han tratado sobre estos temas lo que hacen es, repetir lo que han escrito otros. No obstante hay otros que flagelan y llegan desproporcionadamente a adulterar la enseñanza de algún escritor serio y entonces se tergiversa y ocurre lo que sucedió con la Teosofía y los Maestros.

Continuando el análisis de los factores que condujeron a estos desgraciados eventos en el seno del movimiento Teosófico, en 1893 después de la muerte de Helena Petrovna Blavatsky, Annie Besant fue a ver a un brahman de Prayag llamado Chakravarty y cayó bajo su influencia psicológica llegando a decir que se trataba de un Maestro. Como consecuencia de ello, en su visita a la India Annie Besant fue recibida oficialmente por el Hinduismo ortodoxo, distanciándose de la enseñanza de Helena Petrovna Blavatsky y comenzando a criticarla en privado y en público. Todo ello resultó en la primera gran división del movimiento teosófico en 1895. Posteriormente Annie Besant presentó su propia y contradictoria versión de la Teosofía, en lugar de las enseñanzas originales, y comenzó la modificación de los escritos de Helena Petrovna Blavatsky incluyendo la publicación de la edición tercera y revisada de "La Doctrina Secreta. Éste volumen incluyó ciertas informaciones que envolvían consciente y voluntariamente la ruptura de la promesa de secreto de la Sección Esotérica de la Sociedad Teosófica que Annie Besant había hecho invocando su Ser Superior. Posteriormente tanto Annie Besant como el coronel H.S. Olcott, Presidente de la Sociedad Teosófica, el cual también estaba bajo la influencia de Chakravarti, continuaron sus ataques desleales y la descaracterización de Helena Petrovna Blavatsky.

Eventualmente Annie Besant comprendió hasta qué punto había sido negativa la influencia de Chakravarty sobre ella y se apartó de él. Después se aliaría de nuevo con C. W. Leadbeater que se convirtió en su guía y confidente. En 1906 en Londres Leadbeater fue forzado a abandonar la Sociedad Teosófica bajo alegaciones y confesión bajo juramento de desviaciones sexuales y realización de actos sexuales en múltiples ocasiones con muchachos que estaban bajo su cuidado. Dicha confesión fue realizada bajo la presión creada por las quejas y alegaciones de varios jóvenes. El gran error de Olcott fue sucumbir a las presiones de Annie Besant el año siguiente, readmitiendo a Leadbeater y situándolo nuevamente en un lugar de prominencia dentro de la Sociedad Teosófica.

La influencia de Leadbeater en la Sociedad Teosófica trajo sin duda consecuencias negativas. En opinión de algunos autores, muchas de sus enseñanzas y sus libros contradicen repetidamente las obras de Helena Petrovna Blavatsky. Para muchos en la Sociedad Teosófica, tanto Annie Besant como Leadbeater paulatinamente ignoraron, suprimieron, e incluso distorsionaron las enseñanzas de Blavatsky, logrando que sus principales obras no se reimprimieran. Se dice que Leadbeater fue miembro secretamente de un grupo sexual mágico en Australia durante una parte de su vida habiendo sido introducido en ese círculo por James Wedgwood, obispo cofundador con él de la Iglesia Católica Liberal, del cual se afirma que efectuaba prácticas de abuso sexual de muchachos.

Leadbeater además de ser un prolijo escritor de muchos libros de Teosofía, inculcó una enseñanza secreta y práctica entre miembros especialmente seleccionados de la Sociedad Teosófica a la que se refería como la "enseñanza X". A través de ella algunos escogidos fueron instruidos en la práctica regular de la masturbación mientras enfocaban sus mentes e imaginación en el logos solar. Asimismo hubo testimonios de que Leadbeater enseñó y realizó personalmente tales prácticas masturbatorias con jóvenes, los cuales fueron sometidos a un juramento de secrecía aunque alguno de ellos reveló y confesó los hechos después de la muerte de Leadbeater.

Hubo numerosas acusaciones de pedofilia a través de los años contra Leadbeater y frecuentemente estuvo bajo investigación por las autoridades judiciales siendo considerado como una persona de interés debido a los rumores y acusaciones que se levantaban dondequiera que él fuera. Incluso algunos testigos oculares reportaron haberle visto realizar actos indecentes en el joven Krishnamurti y que Krishnamurti en años posteriores cuando le preguntaron acerca de Leadbeater dijo "ese hombre es malvado".

Como factor curioso en aquellos líderes advenedizos y trepadores, Radha Burnier, presidenta de la Sociedad Teosófica internacional y Cabeza de la Escuela Esotérica de Teosofía que fuera hija de Nilakanta Sri Ram, otro Presidente internacional de la Sociedad Teosófica y Cabeza de la Escuela Esotérica de la Sociedad Teosófica, ambos en períodos de más de 20 años en sus funciones, llegaron a cambiar y alterar las enseñanzas esotéricas Blavatskyanas por las de estilo Krishnamurtiano de corte ateísta y antiocultista, en sus escritos y artículos de las revistas Teosóficas, como en los textos vanamente llamados esotéricos pero carentes de espiritualidad y lineamientos hermetistas.

También en América, en la década de los años 90, el hijo ilegítimo del personaje que imperaba en una secretiva orden ostentando la "sucesión" de los supuestos padre y abuelo, fue acusado de malversación y expulsado del cargo para ser sustituido por un galo que cambiaría totalmente el antiguo contexto filosófico y ritualístico por las nuevas modalidades de la metafísica organizacional. Escándalo y desparpajo que ha removido los cimientos de una de las instituciones que comercializaron el misticismo en el siglo XX.

¡Qué parecido es el modus operandi de los que se disputan cargos y posiciones dirigentes en las organizaciones filosóficas pseudo ocultistas! El mismo fenómeno se ha repetido en el siglo XX en otras instituciones semejantes.

LAS HEREJÍAS DE LA GRAN RAMERA (IGLESIA CATÓLICA ROMANA) Y SU DESACRALIZACION LITURGICA

La primera de estas grandes herejías es la que se relaciona con la violación de la continuidad del Orden Sagrado cuando la Santa Sede permitió y validó las ordenaciones de niños, jóvenes y adultos que no tenían vocación eclesiástica, ni formación teológica adecuada y carecían de devoción, ética y moral. Estas personas llegaron a obtener el episcopado cuando los reyes europeos les entregaban el báculo y les colocaban el anillo de obispo o los "hacían cardenales", e incluso los investían como Papas.

Esta flagrante adulteración produjo la pérdida de la consecuente transmisión del orden sagrado. Por este motivo, la Iglesia Católica Romana desde la Edad Media se vio forzada a intentar remediar este mal, -cosa prácticamente imposible debido a los siglos transcurridos en esta práctica malsana y adulterina-, estableciendo que en las ordenaciones y consagraciones episcopales hubiera tres obispos para intentar "garantizar" que al menos uno de ellos tuviera una sucesión apostólica válida y legítima.

De este proceso bochornoso en la Historia del Romanismo surgió el estigma y la yetatura de los Obispos Vagabundos, o sea la maldición que se generó por la reencarnación de obispos y prelados falsamente ordenados y que perdura hasta el presente. Estos pseudo obispos no tienen actualmente ninguna ordenación válida, no tienen iglesias o congregaciones establecidas y en muchas ocasiones, no tienen ni la vocación, ni la devoción, ni la ética que requiere alguien educado en la auténtica tradición eclesiástica. Estos "Episcopi vacantis" constituyen un flagelo y maldición. Afortunadamente no confunden con su lamentable anatema.

La segunda gran herejía de la Iglesia Ramera o sea la Iglesia Católica Romana, fue lo que se dio en llamar el "Derecho de Pernada" que facultaba a los obispos y cardenales (y algunas veces incluso al Papa) a pasar la primera noche ("primae noctis") con las doncellas desposadas tras celebrarse el matrimonio canónico a fin de certificar que eran vírgenes cuando llegaron a casarse sacramentalmente.

Usualmente se realizaba en el caso de doncellas jóvenes y bellas, y este procedimiento se usaba entre familias de alcurnia en evitación de posteriores enjuiciamientos en los Tribunales Eclesiásticos como resultado de denuncias, ya fuera reales o por conveniencia, basadas en el cuestionamiento de la virginidad como motivo para la nulidad matrimonial.

El período de tiempo en el que se llevó a efecto este tipo de acto constituyó en los países europeos una falacia siendo la supuesta verificación y posterior certificación de virginidad motivo de mofas y burlas en las Cortes palaciegas medievales.

Lógicamente la supuesta virgen dejaba de serlo al pasar por el tálamo de los jerarcas que se prestaron gustosamente a esta labor. Digno es de destacar que nunca lo hicieron ni con mujeres feas ni viejas, delegando en esos casos en sacerdotes de menor categoría para que se vieran en la obligación de cumplir con ese oneroso cometido. Cabe resaltar que en las regulaciones canónicas se prohibía expresamente la sodomía de la novia. En otras palabras, ¡quedaba garantizado que no le darían por el culo!

En Teología de la confesión se considera que los pecados de la carne son los más fáciles de perdonar, pero a la vez se dice que si se va a pecar, que se peque bien, o sea que el pecado sería más comprensible si se trata de cometerlo con mujeres bellas y jóvenes. Esta parte del asunto perdura hasta el presente en algunos lugares y se justifica con lo injustificable del supuesto cumplimiento de un supuesto deber (¡?).

La tercera gran herejía de la Iglesia Católica Romana fue el así designado "canon de los Reyes" por el que la Santa Sede (entiéndase el Papa) tenía la prerrogativa de la "auténtica interpretación" del código de Derecho Canónico, instrumentación legal y normativa de las regulaciones en el funcionamiento de la

Iglesia católica romana. Bajo esta premisa, los sacerdotes que en la Edad Media ejercían el ministerio y la función de confesores de príncipes, princesas, reyes y reinas y otros altos dignatarios, estaban dispensados de mantener secreto de confesión y, por mandato expreso de la Santa Sede, debían informar todo lo que oyeran en confesión e incluso en múltiples ocasiones indagaban sobre "asuntos de Estado" que fueran de interés para la alta Jerarquía de la Iglesia Romana.

A modo de resumen del tema de las grandes herejías de la Iglesia Católica Romana debo destacar las múltiples denuncias que aparecen periódicamente en la prensa relacionadas con la Curia Romana, de grupos que practican la magia negra, de orgías sexuales en bacanales, llevadas a efecto en sus predios apostólicos y la existencia de sociedades secretas vinculadas a la banca y las finanzas, el espionaje, la extensa corrupción y las agrupaciones secretivas como las logias P1, P2 y P4, entre otros muchos "pedos".

Las Profecías de Nostradamus, de San Malaquías y de muchos visionarios proyectan el oneroso final del contubernio vaticano. Estoy convencido de que Juana la Papisa no será la única mujer en la triste historia del Papado. Volverá a haber más de un Papa Negro. Recuérdese que en tiempos de la Segunda Guerra Mundial se decía abiertamente que en Roma había tres dictadores: Benito Mussolini, el Papa Pío XII y el Prepósito General de los jesuitas. El actual Papa jesuita es un continuador solapado de la teología de la liberación y su fermento izquierdista y procomunista. Vivir para ver cómo acaba Francisco, que desde sus peregrinaciones estilo vedette famosa hasta sus secretas negociaciones con los verdugos de la Libertad y de los Derechos Humanos, como en el caso de Cuba o su indiferencia hacia las sufridas víctimas de pedofilia clerical como en México, sus silencios y sus palabras encubren la falsedad de su propaganda orquestada para producir un espectáculo publicitario de marketing que pretende controlar el deterioro y la fuga de feligreses e incluso clérigos y altos funcionarios de la Curia Vaticana. El Juicio de los Tiempos habrá de desenmascarar y descaracterizar al Papa Negro (jesuita) revestido de blanco.

El ocupante del Trono de San Pedro e inquilino de la Casa Santa Marta, funge y finge de tal manera aún en nuestros días, que usa y tergiversa su rango y posición para colocarse al servicio de los mezquinos intereses de gobiernos que se caracterizan por la ausencia del respeto a los Derechos Humanos y que se sirven de la política para beneficios bastardos. Esto se agrega a los crímenes de pedofilia, incesto, violación y malversación de sacerdotes encubiertos por las jerarquías eclesiásticas, esquilmando al pueblo de Dios no solamente su fe y riqueza espiritual sino también usurpando y apropiándose de los bienes de este mundo. Se comprende la aseveración de que la Iglesia Romana es parte integrante de la Gran Ramera donde comparte el lecho putrefacto con denominaciones fanáticas, ignorantes y tergiversadoras del mensaje del Maestro Jesús. La desacralización canónica y litúrgica se habría consumado.

Desde un punto de vista teológico conservadurista, la sucesión apostólica solamente tiene validez entre varones. A consecuencia de ello, las iglesias que siguieron tradicionalmente este tipo de concepción teológica han experimentado graves conflictos en las últimas décadas debido a la ordenación episcopal de mujeres tal y como ha ocurrido en la Iglesia Anglicana. Por su parte las iglesias católica romana y ortodoxas no aceptan tales ordenaciones, a excepción de las iglesias Gnósticas que desde los orígenes del cristianismo tuvieron mujeres ordenadas en todos los grados eclesiásticos, incluso el episcopado. Los textos antiguos relatan la presencia de las epíscopas o sea las mujeres obispos.

Un aspecto importantísimo que quiero destacar es que mientras el orden sagrado legítimo y válido penetra la Iglesia en forma horizontal, las doctrinas y teologías ejercen esta penetración de manera vertical, o sea que la Summa Teológica marca indefectiblemente el contenido espiritual y doctrinal de las iglesias auténticas en su origen y sus linajes de sucesión de los

12 apóstoles de Jesucristo. En particular las Iglesias Gnósticas Históricas siguen también la tradición de la Iniciación en los Grandes Misterios como indisoluble vínculo del carisma y poder asociado al Orden Sagrado.

"Mi lenguaje críptico se expresa en formas cambiantes para que halles las claves"

Capítulo 9.   POEMAS BENDITOS, ORACIONES PODEROSAS
Y FRASES CELEBRISIMAS

QUE TENGAS

Que tengas buena suerte en la vida.
Que tengas buena suerte al perder.
Que tengas más de lo perdido.
Que puedas volver a ganar.

Que venzas cuando estabas vencido.
Que encuentres lo que habías perdido.
Que vuelvas a tus pasos primeros.
Que vuelvas otra vez a nacer.

Que tengas buena suerte en la vida.
Que siempre me tengas a mí.
Por eso tu suerte es la mía.
Por eso estamos juntos los dos.

VACIO Y PLENITUD

Aunque de la nada nada sale,
la vaciedad de la mente
lleva a la propulsión del Ser vacío
al encuentro con la nada.

La plenitud de la mente
acerca la conexión que se abre
al puente inexorable
de la Vida más allá de la vida.

POEMAS BENDITOS DEL SORBO DE MIEL DE LA VIDA,
según los concibió Sar Mar Profeta

(poema en prosa)

Busca el amor en tu vida y vive la vida para amar, así nunca
habrá frío en tu alma. No desperdicies las caricias ni desprecies
al ingenuo, sé capaz de dar y darte. Esa es la mayor bendición.

Contempla tus sensaciones, obsérvate y ascenderás en la escala con honor a que unos pocos pueden ascender. Si miras y oyes por dentro nadie te podrá engañar. Entonces será imposible que caigas en el abismo. Esa es la mayor bendición. La química sensorial es para los ordinarios. El romance alquímico es para los elegidos. La dulzura del cielo, está destinada a los que son fieles al amor. Maituna y Tantra copulan en el éxtasis del Nirvana. Este himeneo flamígero es únicamente para los Iniciados. Esa es la mayor bendición.

Aspira a ser como el bardo. No te conformes con menos que con todo. Lo bajo y lo mediocre no caben en la esfera donde ambientan los inmortales. Llega a ser lo que eres y realízate en ti mismo. Esa es la mayor bendición.

No temas lo ignoto ni cedas a la impotencia. Combate al enemigo con la luz de la verdad. Sirve al sabio, nunca al necio. Sé amigo de confiar en los que lo pueden apreciar. Esa es la mayor bendición.

No te agotes del cansancio ni desfallezcas por la inercia. Primero piensa, luego siente y después actúa. Cuando llegas a hacer, empezaste realmente a ser. Con esa fuerza y sin desgaste logra siempre lo que quieres. Esa es la mayor bendición.

El fracaso habita entre la inestabilidad del voluble y la incertidumbre del tonto. No te hundas con ellos en el proceloso mar de la tempestad. Antes apóyate en la nave segura del que sabe arremeter con intrepidez y sapiencia. Esa es la mayor bendición.

La inestabilidad y la decepción flotan sobre la barca sobrante del que no atiende tu llamado a nadar juntos. Esa es la peor maldición para los ineptos a comprender el vril y pusilánimes para efectuar el dharma. No hay posible solución y están condenados a la inopia. Ellos confunden lo sutil con lo fútil y lo sublime con lo efímero. Los que huyen del Avitchi saben que esa es la mayor bendición.

No tienes que escupir sobre la tumba del enemigo y quejarte del supino trauma del agresor. Prakriti decora a sus deudos y Purusha les otorga eternidad. Cuando vives más allá de la vida y del yo comulgas con el Gurudeva. Esa es la mayor bendición.

Desconfía del desconfiado. Sé franco con el sincero e implacable con el malvado. Perdona al que se arrepiente pero nunca pierdas la memoria. Arroja de ti lo funesto para que atraigas lo bello. Nunca olvides el favor que te hacen. Entrega honor por agravio. Deja al karma el resultado. Esa es la mayor bendición.

La auténtica posesión solamente puede ser por la entrega.

Y lo firma:

La Gracia Gallarda de un poderoso sin igual.

NEMESIS

Némesis, estrella de la contienda,
envidia a la muerte el poder que tiene sobre todos
y la búsqueda de aliado.

La muerte que no tiene nada que perder,
acepta el compromiso
aunque lo traicione algunas veces.

Seduce su nombre irónico
que se nutre de polvo y sal.

Ella es enana y tiene su túnica marrón.
Su radiación es de 12,000 años luz
orbitando al lado opuesto de donde te encuentras ahora.

En la épica del "cambilingo" tu eterna insatisfacción te lleva a vencer las miserias.

POEMA ENERVANTE:

"PONLE TU NOMBRE"

Amante de perdidos amores,
Sonrisa locuaz de entusiasmos pasajeros.
Percibo la ironía que frunce tu ceño
Junto al juego de abalorios que hay en tu boca,
Por un destino que no te ha dejado amar de verdad.

Oleajes embravecidos desafinaron la armonía de tu vida,
Para que dejando de ser tú
Por complacer a quienes no te han querido,
Claudicaras ante los demás lo único que podías conservar:
Tu propio ser.

Olvidas con tu frenesí de cuerpo virginizado por pasiones y
estigmas
El tatuaje místico que hay en tu piel
Que fuera evocación de aquel arcano sensual
Que conociste en tu pasado de siglos atrás.

¿Por dónde andas que no te encuentras?
Te mueves colosal en tu estructura temporal
Y la figura tenue que te destaca
No alcanza el placer eterno que se escamoteó
Entre las sábanas de la memoria perdida
En quebrantados tálamos.

Busca, amada amiga,
El amor verdadero que no viene de abajo,
De los cruentos instintos fenecidos,
Para que te halles a ti misma
Entre tus senos maternales
Que vislumbran esperanzas prodigiosas
En el horizonte de tu destino.

Aguarda con ilusión el sublime momento
Del sentimiento que no muere.
De la ferviente ansia de quien quiere que pervivas
Más allá del deseo,
En la fragua intrépida de tu ser-real
En que resurgirás como Ave Fénix.

"NO PUEDES......"

No puedes renunciar a ser feliz,
ni siquiera deberías dudarlo.

No puedes dejar de encontrar
aquello que siempre estás buscando
y también perdiendo.

No puedes reincidir en los errores
que te han llevado al momento del temor.

No puedes confundir con amor
los instantes de falso sentir que 'surge'
del coyuntural enlace de cuerpos
desprovistos de alma.

No puedes volver a olvidar
lo que antes nunca recordaste
ni confundir memorias
con el incipiente sabor de la vanagloria.

No puedes acaso esconderte entre las pesadas brumas
de los escapes tensos
del sabor a cervecita o el olor a tabaco.

No puedes mirar sin ver
y hablar sin proferir palabra
que nadie escucha y atiende
y que jamás concede sosiego.

No puedes redimir el tiempo
que pasa y nunca espera
para atraparte en su fugaz esfera
de la que tal vez nunca escapes.

No puedes doblar páginas
con el arte que compones en espirales
de quejidos muertos
y pesares arrinconados.

No puedes ignorar el puente
que te lleva al sendero
mientras a tontas y a locas
confundes los caminos.

No puedes irritarte con la vida
cuando eres
quien ha mal escrito tu destino.

No puedes mantenerte erguida
y salir del infame abatimiento
que te cerró las puertas del cielo.

No puedes ignorar con eficiencia
el lastre cuyo peso te impide volar
y estampar su firme esbozo
en la anegada tinta de tu propia sangre.

No puedes quejarte
cuando haces poco o simplemente no haces nada
cuando en vez de recurrir vuelves a escupir
y pierdes de nuevo tus oportunidades.

No puedes desdeñar
lo único que te queda,
perdido hoy entre las sombras del ayer.

No puedes sucumbir a las flaquezas
cuando tanto todavía tienes por hacer.

No puedes ignorar que esta etapa
que te queda aún
es tremenda
y es lo mejor que tienes
para llegar a la culminación de tu sino
cuando no confundas dedicación espiritual,
y el anegado sudor de tu frente.

No puedes, una vez más.
No puedes dejar de poder
para que llegues a ser quien eres
para que seas feliz de una vez

para que este año puente
se convierta para ti en el camino hacia algo nuevo esencial
que te redima, que te pueda hacer valer por ti misma,
hacerte admirar y amar
para así alquimizar el desencanto en Ananda.
No puedes entonces dejar de ser TU.

PLEGARIA A ASGARD DE SAR MAR PROFETA

Reverencio al astro luminoso
la expresión perenne del Espíritu
como la manifestación de la
Suprema Verdad del Universo
que proclamo como Ocultura.

Y por esta influencia cósmica generatriz
recobro el efluvio de Amor, Sabiduría y Poder
en el arcano eslabón de mi contacto con Agartha, Asgard y
Shamballah
de donde procede la nube volátil que planea como nave por el
mundo invisible.

A esta suprema causa- acción de la Naturaleza y la Vida,
la fuerza vibratoria que inunda mi potencial y lo hace grandioso
en la esencia de mi propia existencia sensiente y pensante
dentro del orden exuberante que integra Caos y Cosmos
en el sendero de Abraxas.

Omnisciencia del Demiurgo
que me encumbra hasta llegar al Infinito,
creciendo mi alma con la posibilidad de una inicial eternidad
en la transcendencia reveladora de la Absoluta- Seidad- del-
Universo-Todo-Ser que me hace inmortal y me libera del
sufrimiento y la maldad.

Yo declaro que eres mi realidad
Yo proclamo que vives en mi mente
Yo manifiesto que me inspiras y conduces mi destino
Yo reconozco que soy el ser real en mi espíritu, alma y cuerpo.
Yo conjuro la Arcana Enseñanza Iniciática de Ocultura
Universal.
Por Abraxas. En el Nombre del Cristo Gnóstico. Amén.

INVOCACION - EVOCACION

Yo soy la Poderosa Presencia del Ser Yo Soy
Que alcanza las metas, rompe barreras y aleja el mal.

Yo soy la Poderosa Presencia del Ser Yo Soy
Que invoca, evoca y canaliza a los Grandes Guías invisibles.

Yo soy la Poderosa Presencia del Ser Yo Soy
Que penetra el misterio, entiende lo absurdo y ve y oye en el más allá.

Yo soy la Poderosa Presencia del Ser Yo Soy
Que aprende a implementar lo aprendido, a seguir el camino y a obedecer al Maestro.

Yo soy la Poderosa Presencia del Ser Yo Soy
Que declara: Papa Dios en el cielo, el Profeta en la Tierra,
Boca abajo todo el mundo.
"Todo lo que hicieras en esta vida, te lo tendrán en cuenta allá arriba".

ODIOSAS

(Oh diosas)
Que veis lo que escribí,
Recordad que yo soy
Un proveedor de entusiasmo.

Mi éxito me llega en todas las esquinas del mundo.

El momento donde la figa de madera y el porteador metálico de agua se juntan y no haya nada, ocurre precisamente eso: ¡que no hacen ni saben hacer nada!

.

EPITAFIO PARA MI PAJARITA

("REQUIEM POR UNA DAMISELA VESTIDA DE BLANCO")

El Arconte que te trajo también te llevó. ¡Gracias a la Vida por habernos dado a ti!

Aunque dorada era tu jaula de carne y de hierro, no por eso dejabas de ser prisionera, esclava y ama de casa.

Prisionera del amor de tu compañero y de tus hijos; esclava del pajarito que se enamoró de ti; del amor que con dulce egoísmo te tenemos nosotros; ama de casa que cedías siempre tu lugar; que te envalentonabas para probar antes lo nuevo; que corrías a darles de comer al clamor de tus bebitos. Dueña del sacrificio de tu jaula, compañera de tu hijita, tierna como ella, intrépida en el placer de los sentidos. Bella y exuberante con tu vestuario siempre de novia.

Pero llegó el momento de volar, de trepar en la escala del cielo, de llegar alto por vez primera y ser libre por primera vez.

Los pajaritos, desde sus palcos en los tendidos alámbricos, a coro saludaban tu nuevo vuelo. El cántico fue tan fuerte y tan dulce que te despertó y te viste en el cielo, tu nuevo hogar.

Te desprendiste de la jaula de carne y la prisión del tiempo para volar y volar y volar, dejando atrás el Seol y llegar al Hades. El próximo eslabón será llegar al Nirvana una vez que seas Deva.

Tu nombre es Yan, pero ahora te llamarán Purucha y los Agniswatas te estarán esperando esta noche para coronarte con alas de ángel. Tus hermanos e hijos, tus compañeros de mansión te seguirán añorando, las dulcísimas manos de madre que con tanto cariño te alimentaron y te acariciaron, llorarán tu ausencia y yo te seguiré mirando como si estuvieras ahí, aquí, junto a nosotros, junto a mí. Nunca te lo dije antes, pero te he querido mucho, hijita mía; novia de mi hijo Yin, mamá de mis vástagos y fiel amiga mía.

Arrivederci, hasta la eternidad, que desde el seno del alma

grupal puedas seguir volando cada vez más alto y que al subir nunca temas mirar e inspirar a tus compañeros del lugar de hierro y la jaula de carne que dejaste atrás.

Pero no llores, pues el recuerdo de tu belleza y la delicadeza de tu estilo, nos acompañarán siempre. Una vez más la sensación de felicidad que nos diste acortará la distancia de la separación para seguir llamándote y viéndote, para continuar disfrutando del ananda de la vida, de la inmortalidad de la existencia y del agradecimiento por la sensibilidad que en nosotros supiste despertar.

A bientôt, abur, bye-bye, dulce pajarita mía. Diviértete en el placer de la nueva vida que te espera y no temas volar ahora pues tu último puerto será tan alto como las estrellas y tan cercano como nuestro amor. Dorada era tu jaula de carne, dorada pero jaula...Ahora eres libre y ya nunca dejarás de volar,...volar,...y volar.

Con una lágrima de amor te recuerda tu amo!

"EL DESIDERION DE SAR MAR PROFETA"

Comprender no significa estar de acuerdo.

Se crece en la crisis cuando lo posible se convierte en flexible y se acomete sin temor.

Mi primer golpe hará innecesario el segundo.

Como amigo soy muy bueno, como enemigo también lo soy.

La primera señal en cualquier persona o asunto es la más importante y marcará la caracterización de ese asunto o individuo en cuestión.

De lo único que no te arrepentirás es de no confiar en los que no sientes confiabilidad, o de dar a alguien lo que no valoran o aprecian.

Para recordar lo justo, hay que llevar en la mente lo bueno que otros hicieron por nosotros.

Si tenemos confianza para pedir ayuda a alguien, debemos tenerla también para decir sinceramente para qué la queremos.

La verdadera felicidad está reservada únicamente para los buenos.

De lo único que te vas arrepentir es de no haber sido pródigo y generoso con los que lo merecen.

La hetaira Altisona en el Quijote vierte la lágrima perdida en un beso que espanta al cobrar y que insatisface al lujurioso.

Mis feligreses me han comentado que el médico mediocre no cura al paciente pues entonces pierde un cliente.

No se debería permitir ser docente sin ser decente.

El número menos comercial del mundo no es nada menos y nada más que el 90 (no venta).

Quien no sabe tener principios no puede tener finalidades.

Cuando digo la verdad nunca miento.

El agradecimiento es la memoria del corazón.

En las iglesias como en toda institución, el que adula es el que menos dura.

Los más generosos resultan más interesados (y viceversa) en la enseñanza de la Verdad.

Cuando escuchas a otros hablar de ti es que están haciéndolo de sí mismos. Si te desdoran, se desdoran ellos; si te adulan no los creas; si te entienden, cree en ellos.

Conserva la elegancia ante todo y mantén la etiqueta de tu clase aún para presentarte a los que te enaltecen y a los que te destrocen.

Aunque tuvieras motivo no empañes tu vida hablando mal de los amigos y menos aún hables de la que ha sido tu mujer.

Fumar es la masturbación de los pulmones. Beber es el orgasmo del subconsciente. La sobriedad es la potencial claudicación de la esclavitud mundanal.

Para ser cuerdo hace falta una muestra de locura. Nadie que es completamente normal no deja de ser por eso anormal.

La Divinidad premia con el éxito a los que le sirven con lealtad.

Seremos tal y como nos proyectamos desde arriba.

Es preferible vivir sin prestigio que vivir desprestigiado.

Lo único que con certeza se puede creer de la gente es cuando hablan mal de sí mismos.

Se ama de verdad a una sola mujer, a un solo hombre, a un único ideal. Lo demás es falso.

El conocido en casa es el mejor del mundo y la suegra más querida es la que vive lejos, muy lejos, al otro lado del mar (u océano).

Ni víctima ni victimario, victorioso.

Dios no les pide. Ustedes le deben a Dios.

Lo más auténtico que hay en mí es la franqueza y la sinceridad que me caracterizan. Puedes callar en todas las ocasiones pero si dices algo que sea cierto, a veces no siempre es lo mejor. Pero yo soy así, por lo que cuando digo la verdad nunca miento.

Yo descaracterizo lo falso con la espada de mi sinceridad.

A veces se demuestra que el precio más barato por lo valioso es el dinero.

En el banco de la paciencia siempre hay crédito para el que espera y no desespera.

Quien asume que los demás usan la lógica es quien no la usa.

Es preferible cuidarse de los falsos espiritualistas que decepcionarse al contemplar que son tan materializados como los profanos.

Arrogancia y pretensión llevan a la humillación.

Porque el que no está en esto no se percata.

Para que la esperanza te mantenga ya que, en el infierno, la espera que desespera no tiene esperanza.

Toma nota mental y déjate conducir para que puedas llegar bien.

El ser humano vuelve a sus orígenes.

Tú puedes recuperar todo: el amor, el dinero, la fama, la vida pero nunca el tiempo vivo. El tiempo perdido hasta los muertos lo lloran.

Lo más estúpido es no reconocer las propias deficiencias, especialmente en el carácter. El fracaso es el resultado de no aprender a controlarse a sí mismo. Un perdedor en la vida es el que no sostiene los valores de la amistad y el amor.

Vivir más allá del yo significa alcanzar una existencia ilimitada.

Cuando no se entrega con devoción y alegría la dádiva generosa al altar, el destino cobrará con creces el egoísmo y la tacañería. ¡Vivir para ver!

Sirve al que sirve con máxima regenerativa.

En lo posible, flexible.

Quien no sabe aprender no puede triunfar.

La soberbia lleva al fracaso y el que no se arrepiente no puede ni cambiar ni sobrevivir.

Antes de hablar piensa siete veces y luego no lo digas.

Cuando se da información de más, se tiene privacidad de menos.

La señal más importante es la primera.

La felicidad está diseñada para los inteligentes.

Comprender no significa necesariamente estar de acuerdo y viceversa.

Si yo fuera claro no sería profundo.

Recomiendo la vía que lleva a lo infinito a través de lo increíble.

La prioridad ha de ser colocar antes lo que lleva al éxito, al alcance de lo buscado y a la creación del yo real y permanente. Lo demás es esfuerzo generalmente falso y la mayoría de las veces produce insatisfacción.

La satisfacción de cualquier apetito es preferible al desapego de la ambición y a la pérdida de la noción de la individualidad.

El ser y la nada en medio del tiempo en todas sus dimensiones que en su decursar producen y procuran la sensación del Yo. La memoria, la inteligencia, la sensibilidad y las formas de la conciencia crean el iluso Yo.

Los traumas de la mente se deben a las influencias perniciosas que vienen del exterior al momento de nacer en la niñez, pubertad, madurez y vejez. Los logros de la inteligencia se proyectan desde el ser después del despertar de la autoconciencia. Nos integramos en cuerpo, alma y espíritu cuando hacemos de nosotros un ente coherente compacto y permanente. De ahí en adelante en el mundo físico y en los planos sutiles sólo queda el infinito y la eternidad.

Nos desplomamos cuando somos capaces de rendirnos en medio de las pruebas y vicisitudes de la existencia que suelen ser los escalones al triunfo. Para ascender en la escala es necesario al subir pisar firmemente los peldaños sin resbalar. A los obstáculos hay que aplastarlos con los pies y no con otros órganos.

Mi proyección en el sueño me transporta tan lejos y tan hondo que a veces no es fácil desear regresar.

Orden de Magnitud en mi personalísimo contacto con el infinito-Ser-Real.

Tener la suficiente honestidad intelectual para reconocer que se podría mentir sin quererlo hacer, si se dice algo estando convencido de que es verdad.

La franqueza y la sinceridad que me caracterizan están basadas y sustentadas en mi idiosincrasia e identidad propias.

Para el sostenimiento del entramado es necesario excluir puntos flacos o adversos. Entonces la ubicación del líder será predominantemente flexible, objetiva, dulcemente tiránica y auto-suficiente.

Haz pequeños cambios y utiliza los mínimos cambios que ocurran para lograr el Gran Cambio.

Mientras, no olvides el refrán: el exceso de confianza da asco.

Las hormonas son más intensas que las neuronas.

La religión convierte, la ciencia convence, la filosofía demuestra, el ocultismo desenvuelve. La verdad alcanza su realización.

El órgano Mitrión se implanta astralmente mediante el Cetro del Poder por el Iniciador de Ocultura.

La mejor meditación no es la más clara, sino la más profunda.

Desconfiar, aunque no sea desconfiado, de quien en mí no confía.

Cuando las oraciones suben, los milagros bajan.

Entre la vida y la muerte la satisfacción de la suerte.

"La gran astucia consiste en aprender a ver lo sencillo antes de poder mirar lo oculto"

Capítulo 10. TECNICAS DE AUTO-INICIACION

Antes de adentrarnos en las técnicas me gustaría dar al lector unas recomendaciones básicas. Primero que todo, los ejercicios descritos a continuación son tan solo un atisbo, un mínimo esbozo de lo que el discípulo que se adentra en el sendero de la Ocultura ha de practicar. La palabra clave es "práctica", es decir, constancia y perseverancia son imprescindibles para obtener resultados. Sin ella nada es posible.

Pero los ejercicios por sí solos no llevan al encumbramiento. Han de ir unidos a las instrucciones específicas personalizadas que solamente el Maestro puede dar a cada discípulo junto con la aplicación del Cetro del Poder para el desarrollo interno.

Advierto que estas técnicas y ejercicios precipitarán el ensanchamiento de las percepciones extrasensoriales y junto a la visualización de auras y entidades inmateriales, también pueden causar problemas en ocasiones por la absorción de los "olores y emisiones" de otras personas al aumentar la sensitividad y la posibilidad de captar más energías de las que el común de los individuos está acostumbrado a percibir. El peligro es real, por lo tanto, no aconsejo efectuar estos ejercicios sin la ayuda de un instructor sabio, capacitado y noble.

"El Sendero del Poder es tan maravilloso como peligroso"

Ejercicio de la vela y el espejo

Por la noche ante una vela blanca encendida y delante de un espejo, mirarse uno mismo para tratar de ver posibles encarnaciones, teniendo cuidado de no acercarse demasiado a la vela y que esta con su sombra no afecte la visualización.

Ejercicio para penetrar en objetos duros para activar técnicas de imaginería constructiva:

Mediante una exteriorización entrar en nivel Thetam para al descender entrar de nuevo en el cuerpo físico y usando el poder de la mente, visualizarlo llenándose de agua. Inundar el cuerpo electrónico, que está sobre la cabeza, de una luz azul brillante. A continuación el cuerpo físico asciende de nuevo y trasladándose mentalmente hacia una montaña, que atraviesa tratando de fijar todas las sensaciones que experimenta. Al salir de la montaña contemplar un valle y volver a entrar de nuevo en la montaña para descender hasta el cuerpo, donde expulsa el agua que lo llenaba de un color rojo brillante.

Para cerrar el aura:

Existen varias técnicas. Una es la de poner la pierna derecha sobre la pierna izquierda; otra, frotarse el lóbulo de la oreja e imaginar que uno está cubierto por un tubo de luz dorada.

Ejercicio para encontrarse con alguien en sueños:

Se ponen por parejas o se imagina a la persona con la que se quiere un encontrar. Se entra en nivel Alpha y al descender se toma la luz azul del aura que se hace pasar por los chakras al mismo tiempo que se les hace girar hacia la izquierda. Después se sube esa energía hasta el chakra frontal y se programa el encuentro con la persona elegida.

Ejercicios de movimientos:

Este ejercicio pretende que se activen regiones de nuestro cerebro que no se usan normalmente. Se puede hacer mediante bailes, saltos, ejercicios gimnásticos, cualquier clase de movimiento, al mismo tiempo se ha de pensar en brillantes colores y ocupar la mente en auto-observarse.

Ejercicio para hacer ascender Kundalini:

Este es el comienzo de una de las técnicas que se usan. Mediante una relajación exteriorizarse y entrar a nivel Thetam. Al descender, sacar del aura la luz azul brillante que hacemos circular por los chakras al mismo tiempo que los movemos hacia la izquierda hasta depositar dicha luz en la base de la columna vertebral. En este momento visualizar una serpiente enrollada que tendrá tres colores y que se designan como Idah, Pindala y Sushutma.

Ésta serpiente es Kundalini que se hace ascender chakra por chakra hasta el chakra frontal y se hace salir por ese chakra frontal, dándole siete vueltas alrededor del encéfalo y se la hará descender por la base de la columna vertebral, donde ha de penetrar de nuevo dejándola allí depositada y ascendiendo a nuestra aura la luz brillante.

Mudras.

Desde el chakra umbilical se lleva la mano derecha hasta el frontal, de ahí al chakra cardiaco para pasar al hombro derecho, después al chakra frontal y finalmente se desciende la mano a la altura del chakra cardíaco.

Tocar con índices las propias mejillas a fin de producir resultados específicos de concientización.

Mudra de movimiento de las manos en el aire y sentir como si se tocara una masilla para moldear algún objetivo que se desee lograr. Al hacerlo definir algo de naturaleza superior que se quiere alcanzar por esta acción reflejada en la mente abstracta.

Ejercicio de sensaciones: entrar en una montaña, penetrar en sus diferentes estratos; sentir un volcán; después, estar debajo del agua (mar adentro), sentir el oleaje, un vendaval, imaginar entrar dentro de un ciclón. Formar una esfera astralmente y darle color.

Técnicas esotéricas de Ocultura

Sentimientos.

Se colocan dos personas, una enfrente de la otra mediante una exteriorización ascendiendo a Thetam. Se trata de penetrar en la pareja y ver qué sentimientos y problemas se perciben. Después se desciende a Alpha.

Los Vitris o espirillas: son las energías, o sea, espirales de energía a nivel del espin (espirillas), las energías de Kundalini y de otras fuerzas llevadas a su expresión elemental primaria. Estas fuerzas dirigen el movimiento de los electrones dentro de los átomos constitutivos de las neuronas.

Ejercicio:

Entrar a nivel de Thetam mediante una exteriorización, y al descender de nuevo al cuerpo físico introducir en él la luz brillante violeta (si es para una programación espiritual), la luz brillante verde (si es para trabajar para algo futuro) o las luces brillantes azul o rosada (si es para trabajar con la salud física). La luz ha de introducirse por el encéfalo y se hace pasar por cada uno de los chakras al mismo tiempo que se los hace girar a la izquierda y abriéndose los chakras como los pétalos de una flor de loto. Al llegar al chakra que se encuentra situado en la columna vertebral se deposita allí esa luz, se extrae Kundalini (con las coloraciones que para cada uno tiene) haciéndole ascender chakra por chakra hasta el chakra frontal, por el que se le hace salir dibujando mentalmente la figura de un ocho y haciéndolo entrar otra vez en forma de círculo por el chakra umbilical. A partir de este momento hay que visualizar las espirillas. En una primera fase visualizaremos las espirillas a nivel de la cara, de la frente al chakra umbilical y posteriormente a lo largo de todo el cuerpo. En una segunda fase visualizaremos las espirillas junto con el símbolo del Iniciador Único. Y en una tercera fase, mediante una concentración mental intensa, profunda y prolongada, visualizaremos las espirillas de la frente al chakra umbilical y posteriormente a lo largo de todo el cuerpo.

Ejercicio de concentración gnóstica. La respiración de los nadis no es nasal ni vocal. Expeler lo negativo por los dedos de los pies.

Respirar indistintamente cambiando de apertura de las fosas nasales y expeler las negatividades por los dedos de cada uno de los pies

Primera técnica:

Entrar a nivel de Alpha mediante una exteriorización y colocar posteriormente las manos entrelazadas como cuando oramos pero sin unir las palmas, a la altura del chakra umbilical impulsadas hacia dentro de forma que queden en forma de elipse y en ese momento invocar al Maestro..

Segunda técnica:

Entrar a nivel de Alpha delante de un recipiente que hemos magnetizado previamente mediante la imposición de la mano derecha y realizar una programación sobre lo que queremos obtener. Agregar siete cucharaditas pequeñas de sal previamente magnetizadas y programadas y tapar el recipiente con una hoja de papel blanco. Se deja al lado de la cama y se hace una invocación.

El Eneagrama: es la técnica superior de la programación más efectiva la cual introduce la magia mental, la ergueintaumaturgia para el procesamiento de las formas de pensamiento que han de tomar vida propia emocional y mentalmente mediante el elemental que estamos creando a esos efectos.

El procedimiento se compone de 9 fases:

En primer lugar se realiza una visión general de lo que se quiere obtener imprimiendo a dicha visión emociones, sentimientos, pensamientos y volición (voluntad) con tanta fuerza que se consiga infundir "vida" a una forma mental.

A continuación se divide el problema sobre el que se está trabajando en siete fases para su procesamiento (este procesamiento es la traslación de la primera carrilera del tiempo, tiempo histórico, a la segunda carrilera o tiempo interior). El problema tal y como creamos que se vaya solucionando se visualizará en siete fases consecutivas y concatenadas de desarrollo progresivo del asunto deseado. La novena fase es el corolario, resumen o moraleja en la que ya se visualiza la completa realización de lo programado y procesado con la técnica del Eneagrama.

Ejemplo: en una programación para mejorar la salud, las fases serían como siguen:

1 visualizaríamos a la persona enferma con todos sus problemas y dolores;

2 visualizaríamos al médico que llega a la casa;

3 visualizaríamos al médico dando un tratamiento;

4 visualizaríamos al enfermo mentalizándose al pensar que ese tratamiento le va curar;

5 visualizaríamos como el enfermo va mejorando;

6 visualizaríamos al médico que, ante la mejoría, cambia el tratamiento por uno más leve;

7 visualizaríamos al enfermo levantándose de la cama;

8 visualizaríamos como el médico le da el alta;

9 Corolario: vemos al enfermo sonriente, tranquilo, en su actividad habitual y completamente curado.

Nota: Esto constituye el inicio de las técnicas superiores de programación con el Eneagrama. Previamente se debe entrar a nivel de Thetam y visualizar las espirillas como hemos explicado anteriormente.

Ejercicio para el área izquierda del cerebro. Mover los dedos de los pies todo lo posible individualizándolos a voluntad.

Ejercicio para cargarse de energía positiva: sentarse en el suelo para hacer tierra y visualizarse uno mismo sacando los colores del aura por los dedos.

El trabajo de Esketes renueva en un año las células como si se hubiera nacido y vivido siempre en un monasterio. Es indiferente la edad y sólo requiere práctica constante, el latihan y técnicas así como la meditación con simiente objetiva.

Posturas:

Postrarse ante el Maestro (como en la figura de un hatha yogui en posición de "asana padmasana" pero colocando la cabeza inclinada hacia abajo entre las piernas.)

Ejercicio de equilibrio en cuclillas: estirar pierna izquierda en el aire apoyándose sólo en el pie contrario; luego cambiando de pie.

Ejercicio de equilibrio en pie: Pierna derecha se dobla apoyando la planta del pie lo más próxima la ingle. Brazos suben por los lados del cuerpo hasta que quedan las manos por encima de la cabeza; doblarse por la cintura hacia el lado contrario al de la pierna doblada. Luego cambiar pierna y doblarse hacia el lado opuesto. Ambos ejercicios desarrollan el equilibrio que se relaciona con las glándulas pineal y pituitaria.

EL LATIHAN

El Latihan es un medio para organizar los aspectos internos de nuestro ser y articularlos con la Divinidad. Se hace sentados en el suelo en número impar entonando Mantrams y dejando salir los reinos elemental, mineral, vegetal y animal del interior de uno mismo.

Se puede hacer otra forma de Latihan solo o en compañía de otras personas. Al hacerlo solo, se tiende en el suelo la persona boca arriba, con una total relajación de todas las porciones del cuerpo (si son varias personas, se echan sobre el suelo en círculo hacia arriba y rozándose los pies). Se coloca una copa de cristal llena de agua en el medio del círculo y se proyecta con una exteriorización a unos 50 pies por encima de la cabeza, entrando a nivel de Thetam mediante la exteriorización, saliendo horizontalmente; al descender se toma la luz azul o rosa según sea para obtener un vaciamiento o kenosis intelectual, física o emocional. Con la coloración escogida se mueven los chakras y se hace descender la luz chakra por chakra hasta depositarla en el chakra de la columna vertebral en su base. A continuación se inhala inspirando por la nariz y exhalando el aire por la boca hasta 70 veces en grupos de 10 haciendo una inspiración y espiración más fuerte al final de cada grupo de 10, momento en el que intentamos visualizar lo que hay dentro de la copa. Después por los pies soltamos, dando una sacudida fuerte y enérgica, toda la energía negativa y la depositamos mentalmente en la copa; después construimos un nimbo de luz violeta alrededor de los presentes de forma que todos queden bañados en el mismo e inundados por la luz.

Mantram: "OM MANI PADME UM – AUM – AMEN – CROO-MAAT- LONG KOM PAK- OM TAT SAT- OM TAT TUAM ASSI"

Oración Tibetana: Yo invoco el sendero de experiencia de universalidad para que la luminosidad radiante de mi mente inmortal sea educida de las profundidades del Loto central de mi conciencia despertada y sea llevada al éxtasis que irrumpe a través de todas las limitaciones y horizontes.

Se entona el Mantram: OM MANI PADME UM – AUM – AMEN – CROO-MAAT- LONG KOM PAK- OM TAT SAT- OM TAT TUAM ASSI"

Frotamiento de manos en doble movimiento hacia adelante y hacia atrás mientras se entonan los mantrams.

TECNICAS SECRETAS

1. En la mañana al levantarse pronunciar "shhh….immmm…." Mientras se inspira y se exhala el aire separadamente en forma alternativa por cada fosa nasal.
2. Signo de la cruz.
3. Realizar siete inspiraciones, pronunciar la palabra "Thelema" que significa la Voluntad de la voluntad. A continuación siete espiraciones.

4. Con una vela roja y un tomate se efectúa una concentración para ver el aura del tomate durante unos minutos.

5. Se requiere utilizar dos latas vacías, un alambre de cobre conectado con una pinza metálica tipo boca de cocodrilo o bien soldar las latas al alambre poniendo un vórtice interior en cada lata. Debe cogerse con una mano cada lata para descargar la energía sexual negativa. Se combinan con "hacer cámara" lo cual representa el equilibrio cielo-tierra. Al hacer cámara se debe acostar uno en el suelo, con los brazos relajados a los costados del cuerpo y las piernas estiradas y juntas es una postura de total relajamiento. La energía negativa se autodesplaza sola por choques externos, en tanto que la energía positiva tiene que ser dirigida intencionalmente por medio de la voluntad. Esta postura produce armonización interna.

6. Ejercicio para el chakra del bazo. Sentado en posición de "asana padmasana". Los dedos índice y corazón de la mano derecha se colocan sobre los tendones de los mismos dedos de la mano izquierda, con siete inspiraciones profundas; pasar rápidamente a la primera falange de un salto ligero, diciendo a continuación bien entonada la palabra "Thelema". Este ejercicio crea una pirámide invertida en los centros inferiores. Se debe hacer entre las 11:00 de la mañana y las 12:45 pasado el mediodía o bien hacia la puesta del sol, con advertencia para las personas casadas de no realizarlo después de las 6:00 de la tarde.

7. Después de una relajación estirarse en el suelo boca arriba. Otra persona le da una ligera palmada en el estómago con la palma abierta. Hacer siete respiraciones, echar los brazos hacia atrás y levantarlos hasta quedar en ángulo recto con el cuerpo, que permanece horizontal en el suelo. Incorporarse sin despegar las piernas del suelo. Una vez sentado, colocar las palmas de las manos en el suelo y levantar la parte posterior, después de subir los pies y quedarse

sentado. En esta posición colocar los dedos de las manos en la misma postura del ejercicio número seis, acercarlas al ombligo, inspirando y después extraer el aire al saltar los dedos a la falange.

8. Para este ejercicio se requiere utilizar un equipo de pranayana que se compone sencillamente de dos placas de cobre de forma rectangular de unos 5 cm por 4 cm cada una, unidas cada una a un cable con un pivote también de cobre en su extremo. Se coloca una placa bajo la base de la columna vertebral y otra a la altura de la nuca. Sujetar los extremos de pivotes uno de ellos con cada mano. Se deben combinar con siete respiraciones; primero, tres respiraciones profundas con energía y luego, las cuatro restantes.

9. Ejercicio para la transmisión del pensamiento. Se conectan los chakras de una persona con los de su compañero, colocados ambos en posición sentados en el suelo, la parte delantera del tronco de uno junta con la espalda del otro. Las piernas van cruzadas en el que está delante y paralelas a las del otro en el que está detrás. Se conecta el chakra frontal del que está detrás con el chakra coronario del que se sienta delante y se transmite el pensamiento.

10. En posición de sentado, concentrarse en el centro del intelecto hasta notar un cosquilleo que indique haber alcanzado una relajación profunda. Hacer siete respiraciones. Dar varios toques en el chakra frontal usando la energía que va es ser extraída de una porción externa del aura propia y absorber con fuerza esa energía a través del chakra frontal. Al sentir de nuevo un cosquilleo en el chakra frontal, dejarse llevar hacia dentro, esto es lo que se llama hacer "palanca hacia atrás". Hacer este ejercicio al menos dos veces diarias.

11. Técnica para contrarrestar un trabajo de magia negra. Pisar, aplastar o partir algo, y hacer el siguiente signo: teniendo las dos manos separadas, juntar y enganchar los dedos índice y corazón de ambas manos. Soltar hacia los lados con fuerza.

12. Transmutación: hacer en el aire con el brazo izquierdo levantado el gesto de coger algo y apretar fuertemente los dedos, para soltarlos con fuerza al abrir la mano de nuevo.

13. Sentado en el suelo. Piernas estiradas hacia delante. Cogerse los pies juntos con las manos, al tiempo que se les encoge hacia el cuerpo, mientras se inspira. Al tenerlos completamente recogidos, espirar. Visualizar simultáneamente con la respiración la energía rosada de Prana. Es un ejercicio de transmutación.

14. Sentado en posición de "asana padmasana". Exteriorización. Condensar la energía negativa en una bola gris oscura y bajarla, expulsándola paulatinamente de todos los orificios del cuerpo (ojos, nariz, primero por el lado derecho, tapando el izquierdo con el índice de la mano derecha y después por el lado izquierdo, tapando el derecho; luego seguir expulsando la negatividad por los siguientes orificios corporales: boca, orejas, ombligo, orificio urinario y vaginal y anal).
    Visualizar un lago, llenándose de agua por todos los poros y orificios, limpiándose. Expulsar después el agua con inspiración y espiración profundas. Finalizar retornando al cuerpo desde la exteriorización.

15. En posición de sentado, visualizar una copa. Se le va dando forma embelleciéndola al gusto de cada uno (debe parecer un cáliz, simbólico del ser interno). Puede ser de cualquier material noble: oro, cristal, piedras preciosas, etc. Se agranda y se llena de luz, dejando que la luz penetre en uno a medida que uno mismo se introduce en la copa (simboliza la iluminación interior). Invocar la fuerza del Maestro y su presencia en la copa. Se va agrandando más y más la copa hasta donde alcance la capacidad de visualización. Por último se libera al infinito esa forma mental.

16. Técnica para atraer la energía del Maestro y contactar con El. Se coloca agua de lluvia en un recipiente y siete cucharaditas de sal gorda -sal de roca- sin remover. Imponer las manos sobre el recipiente

visualizando la situación que se quiere mejorar. Tiene que ser algo de gran importancia para el ser interno de cada uno y no debe usarse para afectar el karma de otros, pues entonces sería magia negra. Hacer una exteriorización y entrar en estado de Thetam, colocando las manos entrelazadas como para orar pero sin unir las palmas, a la altura del chakra umbilical impulsadas como presionando hacia dentro (deben estar curvados hacia el ombligo). A continuación se invoca al Maestro. Terminada la invocación finalizar la exteriorización poniendo después sobre el recipiente un cartón o papel o si se tuviera, una fotografía del Maestro.

17. Técnica para alcanzar la lucidez en el sueño. En diversos momentos del día mirar por unos instantes el dorso de las manos, estiradas estas hacia la frente y fijar inmediatamente después la vista en una pared, mientras mentalmente se repite: "estas son mis manos, veo mis manos, voy a ver mis manos en el sueño, cuando vea mis manos sabré que estoy soñando". Volver a mirar el dorso de las manos por unos segundos y repetir de nuevo. Este ejercicio ayuda a ser consciente en el mundo astral.

Otra técnica para tener conciencia en el sueño: Colocar una caja con un poquito de sal cerca de la cama, mirar los dedos de los pies en estado de vigilia y también en distintos momentos del día (esto es el llamado de sí del cuarto camino) a fin de recordarse uno mismo. Se programa la mente con esta idea magnetizando la sal previamente. Durante el sueño se llegará a verse uno a sí mismo, viendo primero sus pies, siendo entonces capaz de auto reconocerse en el mundo astral.

18. Ejercicio para la transmutación de la magia negra y la santería. Se concentra una bola muy grande en la luna llena y se baja hacia el horizonte en el mar. Se dice "que el mal y las fuerzas negativas penetren en el interior del mar". Debe hacerse entre las 11:00 y las 11:30 de la noche.

El Autor durante uno de sus viajes a Inglaterra, en Stonehenge junto al observatorio megalítico de más de 5000 años de antigüedad.

Dedicado al entendedor-entendido-en-entendimiento

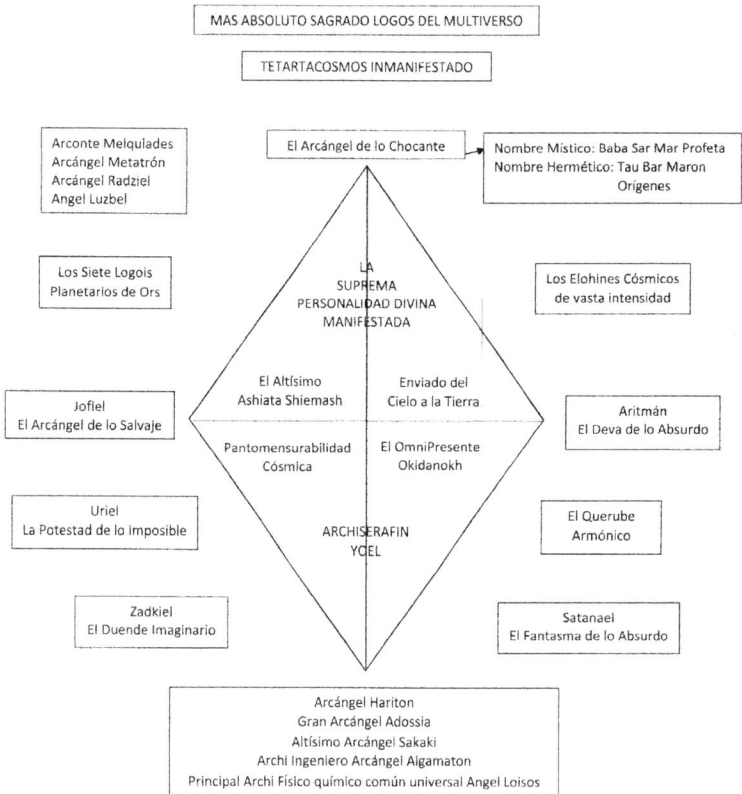

MAS ABSOLUTO SAGRADO LOGOS DEL MULTIVERSO

TETARTACOSMOS INMANIFESTADO

Arconte Melquiades
Arcángel Metatrón
Arcángel Radziel
Angel Luzbel

El Arcángel de lo Chocante

Nombre Místico: Baba Sar Mar Profeta
Nombre Hermético: Tau Bar Maron
Orígenes

Los Siete Logois
Planetarios de Ors

LA
SUPREMA
PERSONALIDAD DIVINA
MANIFESTADA

Los Elohines Cósmicos
de vasta intensidad

Jofiel
El Arcángel de lo Salvaje

El Altísimo
Ashiata Shiemash

Enviado del
Cielo a la Tierra

Aritmán
El Deva de lo Absurdo

Pantomensurabilidad
Cósmica

El OmniPresente
Okidanokh

Uriel
La Potestad de lo Imposible

ARCHISERAFIN
YCEL

El Querube
Armónico

Zadkiel
El Duende Imaginario

Satanael
El Fantasma de lo Absurdo

Arcángel Hariton
Gran Arcángel Adossia
Altísimo Arcángel Sakaki
Archi Ingeniero Arcángel Aigamaton
Principal Archi Físico químico común universal Angel Loisos

Pseudo Archiabsurdo expresado en el organigrama que se
define por indefinición de la esfera de lo apoteósico por venir

Capítulo 11. ESQUEMA DE LAS JERARQUIAS CREADORAS

(Lo Pseudoarchiabsurdo): Su Pantomensurabilidad – Seres pájaros iguales a los ángeles imitadores a nuestro Eterno Hacedor y Creador Inmortal

Aspecto exterior del Gran Propulsor. Su Nombre es Hahrar

El Santísimo Ashieta Shiemash: "Enviado del Cielo a la Tierra"

Arcángel Hasiton, al frente de las huestes incorpóreas

Gran Arcángel Adossia de la Primera Comisión Cósmica de visualización de la Tierra

Altísimo Arcángel Sakaki, posteriormente convertido en el Divino Individuo de los cuatro Tetrasustentadores del Universo (símiles del Todo)

Archi Ingeniero Arcángel Algamatant

Principal Archi físico químico –Comun-Universal Angel Loissos – Kundartiguador, Kinaraspar

Más Grande Archiserafín Sebotartán,

Estimulador cósmico Arcángel Sakaki

(Sistema de cerebros existentes en los multiversos, universos, versos y cosmos)

(El terror de la situación – El Guardián del Umbral de cada plano existencial)

Su Eternidad, Absoluto Solar - Más Sagrado Absoluto Solar – Omnipresente Okidaznokh- Plenitud de su significación íntima

Kalkianos y su sagrada "pitonisa" Altisona

Sistemas Solares – Ors, nuestro sistema solar

Estrella Polar: Pandetznikh, Unanik, Kalman,

Kondoor: cometa de vasta órbita

Kilprenos: medida horaria y tangencial del espacio

Zilnitrago: acido ciánico que pulula en asteroides transversales

Karoona, (Marte, cuerpos físicos fosilizados en su interior)

Ketdazekh-tu: la manifestación activada en el Sistema Ors

Toosook: esfera doble, seres tricerebrados

Teskooano: proveedor energético local del espacio cercano

Hooniasas: simulador de fuentes artificiosas

Elekilpomagistzen: rayos de una sustancia cósmica invisible

Etzikolnianakhnianos: rayos procedentes de los planetas visibles

Ambar: atmósfera, aire, éter desde el Koilon al Akasha

Dionoshs: días solares ordinales

Ornakia: mes solar ordinal

Etherokrilnos universal imaginario

Paishchakir: frío

Tallonair: calor

Saliakooriapa: agua

(Armonia-Cósmica-General-Del-Mantenimiento-Recíproco-de-todas-las-concentraciones)

(Por error de un individuo sagrado - Zethu - sobrevino la Caída)

Crearon Kondoor y la Tierra = se desprendieron a pedazos la Luna, Honderperzo (Mayor Luna) y Anulino (Menor Luna)

Alcance = Ley Cósmica de aproximación

(Desplazamientos Tastartoonarianos) Proyección de ley lejana

De las sagradas vibraciones de Askokin surgieron los asteroides tripulados

Heptaparaparshionakih: ingenieros de vuelo

Triamazikamno: pilotos temporarios

Ilnosoparno: navegante principal

La Madre Cósmica de las Esferas

Capítulo 12. ICONOGRAFIA MAGISTRAL

Divino Maestro Jesús El Cristo
Sumo Sacerdote según
el Orden de Melquisedeq

Gran Seidad Planetaria
Sanat Kumara

El Sublime Ashieta Shiemash
"Enviado del Cielo a la Tierra"

Bodishatwa Maitreya
Señor de las Religiones
del Mundo Terrestre

Manu Vaivaswatha
Señor de las Razas
de la Tierra

Taniba Maha Chohan
de las Civilizaciones
de la Tierra

Maestro Moria, Cabeza
Invisible de la Escuela
Esotérica Oriental

Maestro Kut-Humi, Cabeza
Invisible de la Escuela
Tibetana Arcana

Arcángel Metatrón
(Profeta Enoc)

Conde de
San Germain,
Magister de las
Ordenes Místicas

Maestre
Christian Rosenkreutz
(Autor de "Las Bodas
Alquímicas")

Maha Avatar Krishna

Zoroastro
(Zaratustra y Zorobabel)

Faraón Amenhotep IV
Fundador de la Antigua
Fraternidad Rosacruz

Hermes Trimegistus
Iniciador de los Misterios

Boddidharma
"El Monje Rebelde"
Patriarca del Zen

Arzobispo Dr. Roberto C. Toca
Su Beatitud Sar Mar Profeta
Primado de la Iglesia Católica del Rito Antioqueno
Rex Imperator de la Arcana Enseñanza Iniciática
de Ocultura Universalis

BREVE BIOGRAFIA DEL ARZOBISPO DR. ROBERTO C. TOCA (SU BEATITUD SAR MAR PROFETA)

Nacido en la capital de Cuba, La Habana, a las 12 del mediodía del día 11 del mes de enero del año 1945. Estudió en las Escuelas Pías; recibió la sotana de seminarista a los 11 años de edad el 15 de Septiembre de 1956 en el Seminario Diocesano "El Buen Pastor" de La Habana, siendo ordenado al ministerio sacerdotal el 13 de junio de 1966 en la Iglesia "Cristo el Redentor" de Miramar en La Habana, Cuba. Fue elevado al Episcopado el 11 de julio de 1976 en la Iglesia de "Santo Tomás el Apóstol" de Guantánamo, Cuba. Posteriormente, el 15 de septiembre de 1982, fue consagrado como Arzobispo con el rango de Exarca Patriarcal para los Hispanos en la Sede de la "Iglesia de Antioquía y del Oriente", en Mountain View, California, Estados Unidos. En 1990 fue entronizado oficialmente como Primado de la Iglesia Católica del Rito Antioqueno, fundada por él en el Estado de Florida, Estados Unidos de América, el 27 de febrero de 1980.

Iniciado en la Escuela Esotérica de Teosofía en enero 12 de 1963. Su ingreso en la Sociedad Teosófica se produjo el 15 de Mayo de 1961. Iniciado en la Fraternidad Rosa Cruz Tradición Gnóstica OTOA Maestro Huiracocha (Dr. H. A. Krümm Heller) el 21 de junio de 1960. El 22 de marzo de 1960 fue iniciado en la Escuela Magistral CHISPA del sistema del Cuarto Camino. Iniciado en Escuelas y Ordenes Mistéricas del Temple, Martinismo, Iluminismo y Masonería entre 1961 y 1966.

Doctorado en Teología por C.G.M. en 1976; Doctorado en Parapsicología por el Centro Internacional Universitario en 1976; Doctorado en Divinidades por el International Bible Institute & Seminary en 1985; Doctorado en Divinidad (Teología) por el International Seminary en 1985; Doctorado en Sagradas Escrituras en 1986 por el College of Seminarians; Doctorado en Teología por el Anglican Seminary en 1983; Doctorado en Ministerio por el Pan Orthodox Seminary en 1987; Doctorado en Hipnología e Hipnoterapia en 1986. Licenciado en Literatura

Latino-Americana UNESCO 1979. Licenciado en Museología por la UNESCO en 1979. Grado Doctoral en Teología del Monasterio Maniqueo en 1983.

Ha viajado intensamente por los cinco continentes incluyendo en varias ocasiones India, Nepal, Tíbet, Egipto, Israel, Turquía y múltiples veces a Japón, Corea, el área del Pacífico así como Europa, el Caribe y América Latina.

Ha publicado artículos periodísticos en Cuba, Estados Unidos, España, y en otros países. Director, productor y presentador de programas de radio tales como "Confesionario" y "Universidad del Aire" desde 1980 hasta 2002, y de las series de televisión "Desde el Punto de Luz", "La Universidad del Alma" y "La Academia Popular" desde 1980 hasta el año 2004, habiendo obtenido el premio en categoría étnica en 1990. Desde el año 2005 produce, dirige y presenta el espacio cibernético "TeleMente" en su sitio de Internet www.sarmarprofeta.org.

Ejerce el Ministerio eclesiástico de Arzobispo Primado en su Sede de la Catedral de la Santísima Trinidad en Odessa, Florida, Estados Unidos de América.

Ostenta el cargo de Soberano Gran Comendatore de los Sublimes Ritos Paramasónicos de Memphis y Mizraim, Supremo Gran Maestre de la Fraternidad Rosa Cruz, OTOA, Hierofante. Iniciador del Corpus Mysteriorum A.E.I.O.U. Fundador y Presidente de la Universidad Internacional de Teología y Parapsicología, Centro Mundial de la Doctología, Presidente y Director Ejecutivo de TeleMente, investido en el Congreso Mundial de Ocultura (Doctología) con la posición de Rex Imperator. Elegido en el mismo Congreso como Presidente de la Pentarquía.

Ha escrito alrededor de 20 títulos, especialmente la Trilogía "Cultos Ocultos" (Primer Tratado de Doctología), "La Clavícula de Ocultura" (El Teorema del Sistema de la Doctología) y "El Iniciador de Ocultura" (Breviario del Meditabundo). Actualmente trabaja en la redacción de "Sobre hombros de Gigantes" y su nuevo libro "El Cetro del Ocultólogo" (Penúltimo Tratado de Doctología).

Al presente labora internacionalmente en la Gran Obra Espiritual del Proceso de Implantación del Señor de la Segunda Venida.

LA GRAN OBRA LITERARIA DEL ARZOBISPO DR. ROBERTO C. TOCA (SAR MAR PROFETA)

FUNDADOR DE LA DOCTOLOGÍA: EXISTENCIALISMO ESOTERICO Y ARCANA ENSEÑANZA INICIATICA DE OCULTURA UNIVERSALIS

1. CULTOS OCULTOS (Primer Tratado de Doctología)

2. LA CLAVICULA DE OCULTURA (Teorema del Sistema de la Doctología)

3. EL INICIADOR DE OCULTURA (Breviario del Meditabundo)

4. SOBRE HOMBROS DE GIGANTES
   El Sendero Solitario, a la Luz de la Doctología. Una reseña de los Grandes Seres que fueran mis Maestros y sobre cuyos hombros pude llegar tan alto.

5. LLAVE MAGISTRAL DEL SABER Y EL PODER
   El Existencialismo Esotérico como sistema ideológico de Doctología para la Auto-Iniciación, Auto-Realización y Auto-Liberación.

6. LA HISTORIA DE UNA MUJER CUALQUIERA
   El personaje representativo Silvia Silva llega a América y recuerda todos los hombres y mujeres que conoció en su vida.

7. IMITACION DEL YO (Autobiografía de Sar Mar Profeta)

8. GLOSARIO DE OCULTURA – Tesauro de Doctología.

9. SIBILAS O AMANTES
   La vida íntima del Maestro.

10. BARACUTEI (Manual secreto para los Maestros y Altos Dignatarios de la Arcana Enseñanza Iniciática de Ocultura Universalis).

11. DESNUDA SOPHIA (Desde el Rayo de la Creación y los Temperamentos Humanos a la Constitución Eneagramática del Ser).

12. LITURGIA Y CANON DE LA GNOSIS DEL III MILENIO DEL CRISTIANISMO (Misal, Sacramental, Ritual y Estatutos de la Iglesia Católica del Rito Antioqueno y sus organizaciones laterales integrantes).

ULTIMA PAGINA

La Trilogía formada por "Cultos Ocultos" (Primer Tratado de Doctología), "La Clavícula de Ocultura" (El Teorema del Sistema de Doctología), y este tercer libro de Doctología, "El Iniciador de Ocultura" (Breviario del Meditabundo), ofrece al lector los instrumentos básicos fundamentales y pragmáticos para la Iniciación guiada por el Maestro, Expositor y Gurudeva en su forma personalísima.

La aportación psíquica y espiritual de mis Guías Espirituales y especialmente, la Virgen Cósmica y la entidad conocida como Ja-Kum-Bah, ha sido de un tremendo valor en la consecución de mis objetivos.

He continuado la tradición esotérica de escribir anagramas en clave para transmitir mensajes que coadyuvarán a un esclarecimiento del Enigma de Shamballah y Agartha.

En mi próxima obra, el penúltimo tratado de Doctología "El Cetro del Ocultólogo" versaré sobre las Sagradas Presencias, el Sacerdocio Iniciático, la Gran Obra del Señor de la Segunda Venida, el Akasha (la Memoria del Universo) y la interacción con las inteligencias del Multiverso.

Finalmente, no se debe subestimar que cuando el discípulo está preparado, el Maestro aparece. Con esta máxima hermética, les saludo: Shalom (Paz). Hasta la próxima "Ocasión".

En el Nombre de la Tri-Sancta Sophia, del Cristo Gnóstico y del Paráclito. Por Abraxas. Amén.

Yo, El Iniciador de Ocultura

Iglesia Católica del Rito Antioqueno
2008 Chesapeake Drive, Odessa, Florida 33556 U.S.A.

P.O. Box 8473, Tampa, Florida 33674-8473 U.S.A.
(813) 926-2800

Email: smprofeta@sprintmail.com

www.sarmarprofeta.org
www.youtube.com/sarmarprofeta
www.facebook.com/arzobisporoberto.toca

A.M.D.G

19707935R00130

Printed in Great Britain
by Amazon